혜원바둑총서 ❹

포석 · 정석편

바둑
실력 테스트

| 하시모토 쇼지(橋本昌二) 지음 |

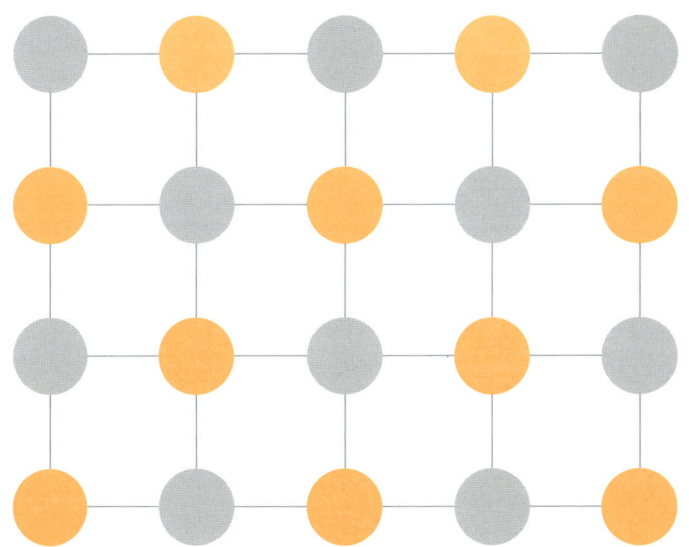

혜원

책머리에

한 판의 바둑은 포석과 중반과 끝내기의 3단계로 성립되며 그 종합력에 의해 바둑 실력이 판정된다.

포석은 바둑의 골격을 구성하는 초반 돌의 배치이므로, 그 테크닉에 의해 다음 중반전을 유리한 상태에서 시작하는가, 아니면 불리한 상태에서 싸워야 하는가를 결정하는 중요한 역할을 한다.

포석은 정석과 불가분의 관계를 갖고 있다. 속담에 '정석은 배우고 정석은 잊어라'고 하지만 바둑 실력이 있는 사람은 실력이 있는 대로, 초보자는 초보자대로 정석에 대한 개념을 파악하는 게 중요하다.

정석은 쌍방 공평한 상태로 결정되지만, 그것이 좋고 나쁜 가치를 갖는 것은 전체적 포석의 관점에 의해 지배되기 때문에 그런 점에 정석 활용의 어려움과 재미가 있다.

이 책은 초단으로 가는 길목에서 꼭 알아 두어야 할 포석과 정석의 요령을 다각적으로 포착하여 수록했다.

〈포석 기본 테스트〉와 〈포석 실전 테스트〉에선 포석의 기본 요령과 실전에서의 구상에 관한 사고방식에 대해 문제를 수록했다.

〈정석 이후의 한 수 테스트〉에선 '정맥'과 모양에 관해, 〈정석 기본 테스트〉에선 상식적인 정석의 전술면에 관해, 그리고 〈정석 실전 테스트〉에선 전체 전략면의 사고방식에 관해 문제를 작성했다.

무엇보다 어느 것 하나 소홀함이 없이 실전에 도움되는 문제들로만 구성했음을 밝혀 둔다.

차례

일러두기 ☞ 본문 중 '맥'이란 바둑에서 가장 효과적인 급소에 해당된다. 바둑은 갖가지의 맥으로 세분되어 있다. 이것의 파생어인 '정맥'이란 주어진 조건에서 가장 알맞은 맥을 말한다. 정맥의 반대어인 '속맥'이란 맥으론 쓰이지만 주어진 조건에서 적절하지 못한 맥을 말한다. 곁들여 '속수가 있는데 전문가는 두지 않는 하수가 즐겨 쓰는 수단이다. 따라서 속수는 두지 말 것이며, 맥의 쓰임새를 잘 구별하여 속맥은 피하고 정맥을 두어야 초단에 다가설 수 있다. (옮긴이)

1

화점 포석
기본·실전
테스트

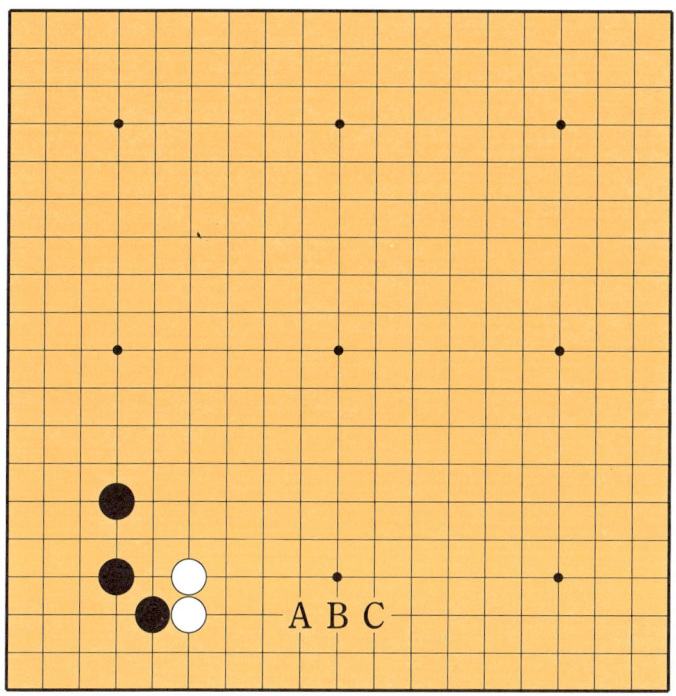

문제도

포석에서의 '벌림'은 '벌림의 법칙'에 따라서, 모두 한쪽의 거점에 비례하여 넓이가 결정된다.

넓지도 않고 좁지도 않은 균형 감각이 필요한데, 백의 거점이 두 점으로 서 있을 경우는 A, B, C 중에서 몇 칸이 옳을까?

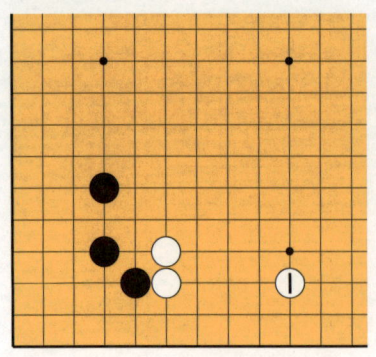

정해도

정해

▶ 백1의 세 칸으로 벌리는 게 정석. '이립삼전(二立三展)'이라 하여, 두 점으로 세운 돌은 세 칸으로 전개해야만 활동적이다.

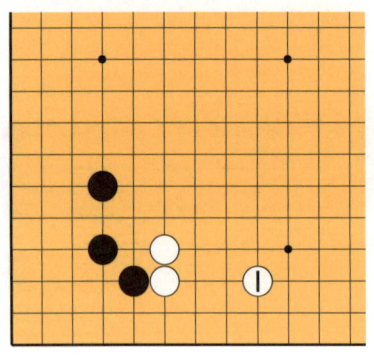

1도

1도 백1의 두 칸으로 그친다면, '중복형'으로서 돌의 활동이 불충분하므로 80점으로 감점이다. 주의하기 바란다.

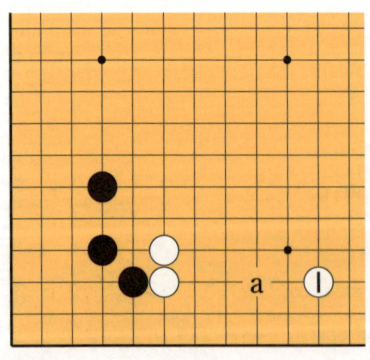

2도

2도 그렇다고 백1의 네 칸은 너무 넓어, 재빠른 흑a의 침입이 매섭다. 70점에 해당한다. 요는 균형에 있다.

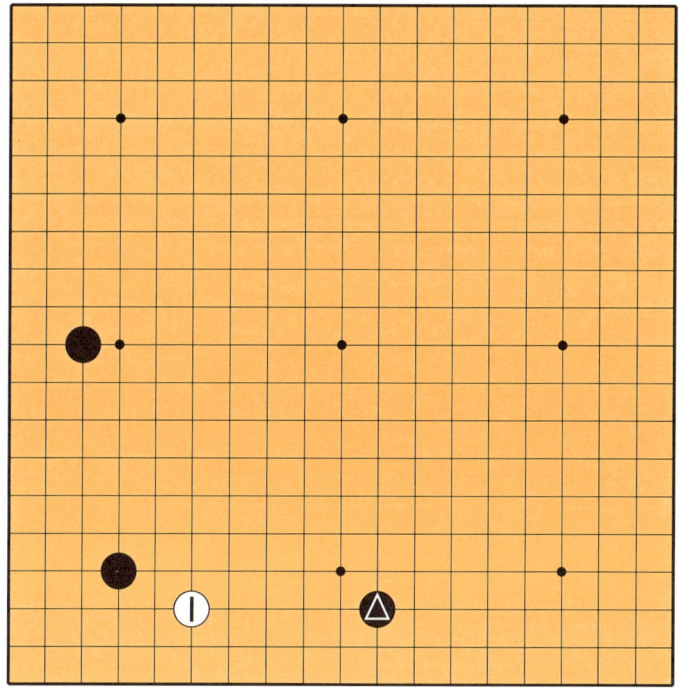

문제도

벌림의 응용 문제이다. 백1로 '걸쳐' 왔다. 흑은 벌림의 법칙에 따라서 대응하는 것이 중요하다.

마침 ▲가 '협공'의 위치에 있는데, 이를 공격에 이용하는 데 눈이 가면 유단자.

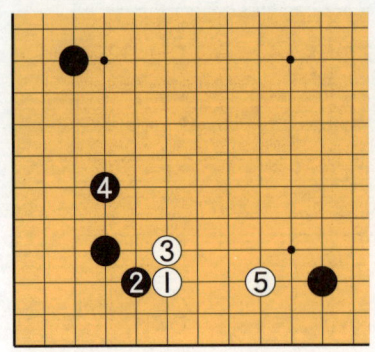

정해도

▶ 흑2의 '마늘모 붙임'을 결정하는 게 포인트이다. 백5를 허용해도 백의 두 칸은 좁은 모양이므로 흑은 불만이 없다.

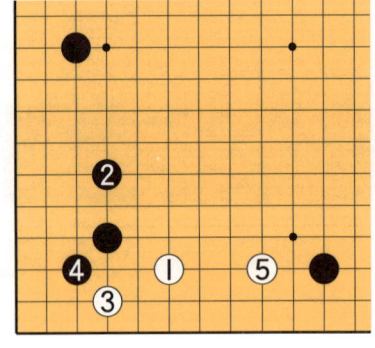

1도

1도 평범하게 흑2로 받는 것은 실패이다. 백3의 '달림'이 기민하여, 백은 여유를 갖고서 '안정형'이 된다. 흑 80점의 대응이다.

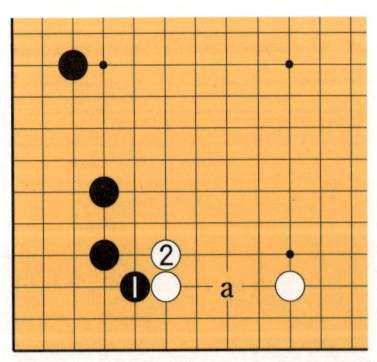

2도

2도 백이 이미 세 칸 벌림일 경우는 흑1의 마늘모 붙임은 악수가 된다. 1로서는 흑 a의 침입을 노리는 게 정수.

10

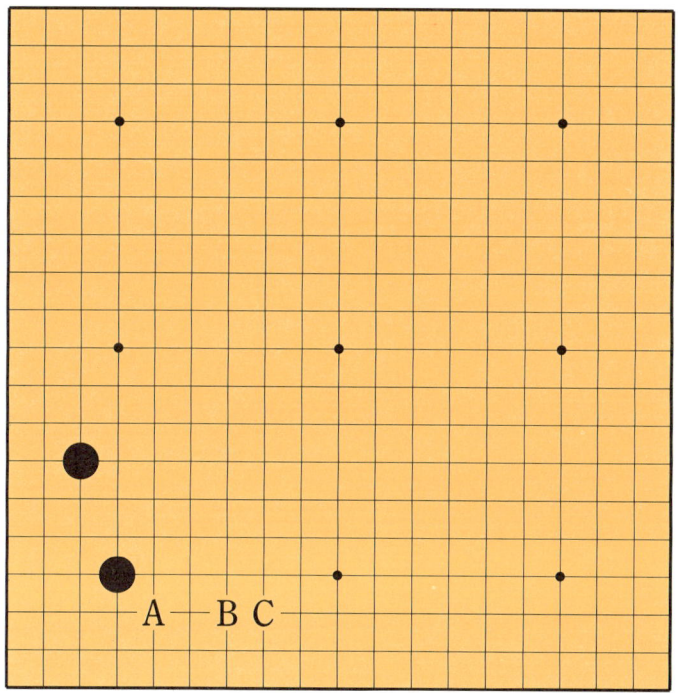

문제도

　착수를 할 때는, 현재 둘 수 다음에 상대의 공격 수단이 있는지를 생각해야 한다.

　화점의 눈목재[目]로부터 둘 수는 '굳힘', 벌림 등 갖가지가 있지만 A, B, C의 세 곳 가운데 좋은 수와 나쁜 수의 선별을 해보면?

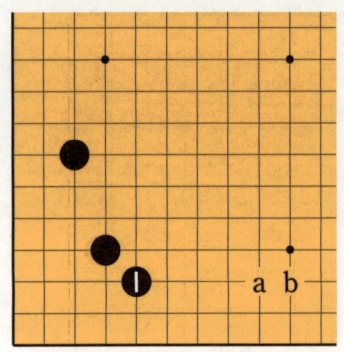

정해도

정해

▶ 흑1의 '마늘모'가 정수. 먼저 '귀'를 지키고 나서 다음에 a의 세 칸 벌림이나 b의 네 칸으로 벌리는 발상이다.

격언 '굳힌 후에 벌려라'를 상기할 것.

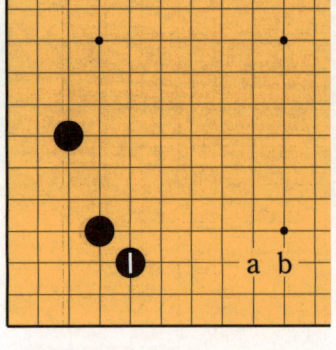

1도

1도 ❷는 부질없이 지역 확장만 생각하는 초보자가 두는 수인데, 60점이다. 백1로 뛰어들면 쉽게 '활로(活路)'가 생긴다.

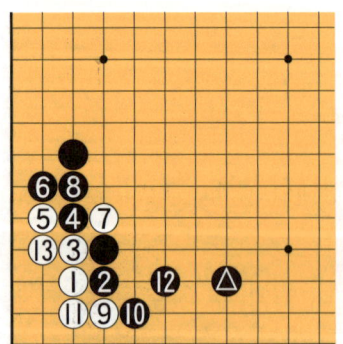

2도

2도 ❷는 앞 그림보다 균형은 좋지만, 역시 백1로 뛰어들 여지가 있다. 백13까지의 상투형은 주위 상황에 따라 결정된다.

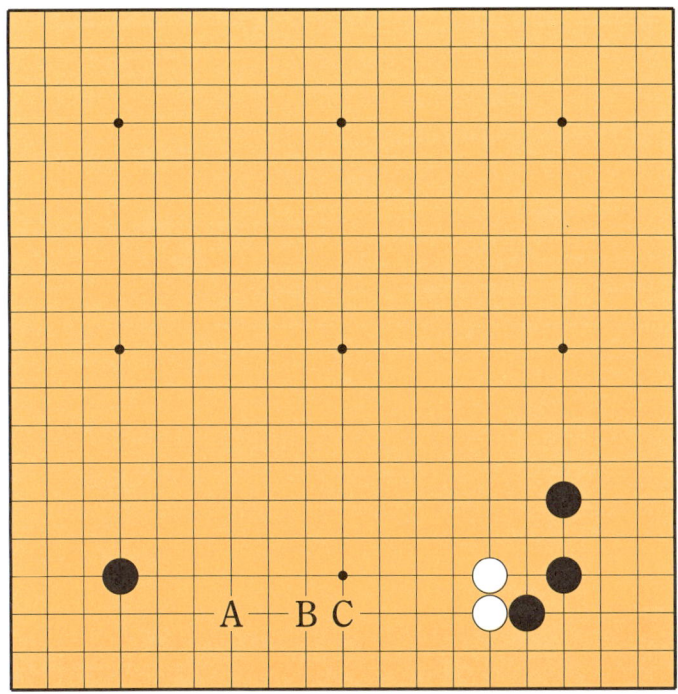

문제도

'변'의 포석은 벌림과 협공 그리고 뛰어듦에 대해 잘 이해하면, 변에서 두는 법을 스스로 소화시킬 수 있게 된다.

[문제도]는 화점에서의 정형(定形). 벌림의 기본 정석인데 초점은 우하귀의 백 이립(二立)이다.

흑부터 두자면 A, B, C 가운데 어느 곳이 적당할까?

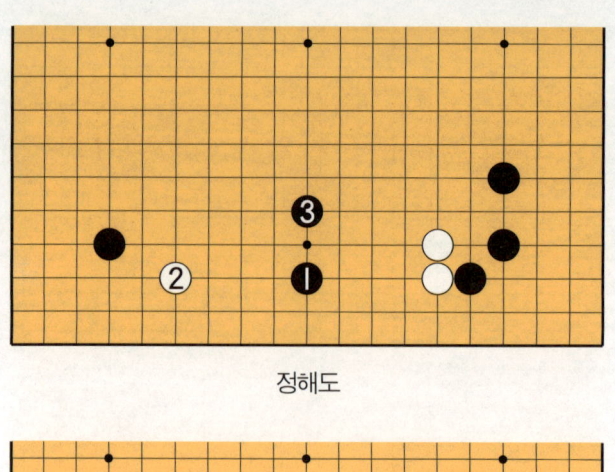

정해도

1도

정해

▶ 우하귀의 백이 아직도 안정되어 있지 않는 게 초점. 그곳에 주목하여, 흑1까지 넓게 벌려 백 두 점에 대한 공격을 노리는 게 합리적 착수이다.

백2의 '뛰어듦'에는 흑3으로 '뛰어', 좌우의 백을 갈라치면서 견제하는 게 요령.

1도 흑1은 백2의 '이상형'을 허용하므로 50점이다. 흑a도 백b의 두 칸으로 벌리는 여유를 주어 80점. 정답과는 큰 차이가 있다.

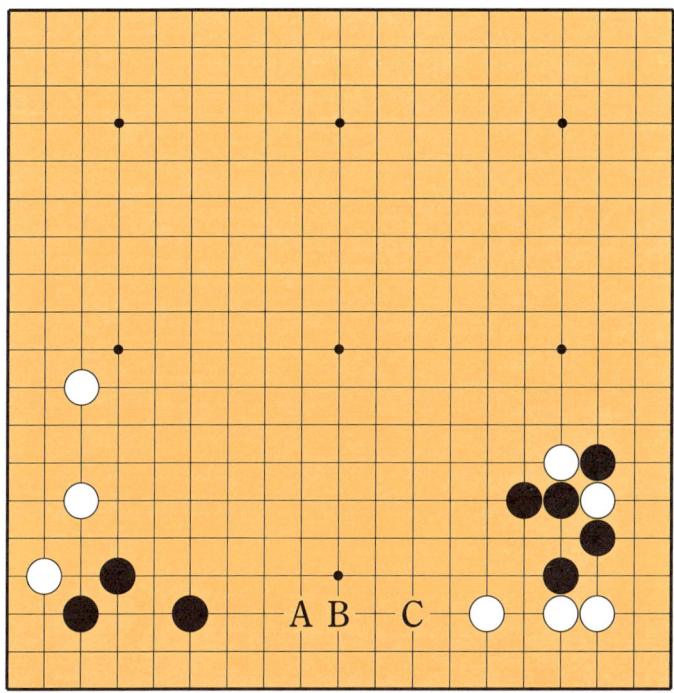

문제도

테스트 5   기본 ▶ 흑선

포석에서 적절한 벌림의 조건은 적으로부터의 뛰어듦에 대한 대책
이 있느냐는 점이다.

우하귀는 다 알고 있는 '붙여뻗기 정석'인데, 이런 모양은 백에게
약점이 있다. A, B, C 가운데 적절한 벌림을 골라 보면?

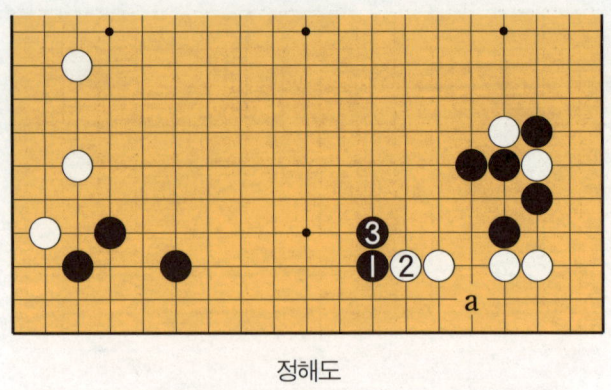

정해도

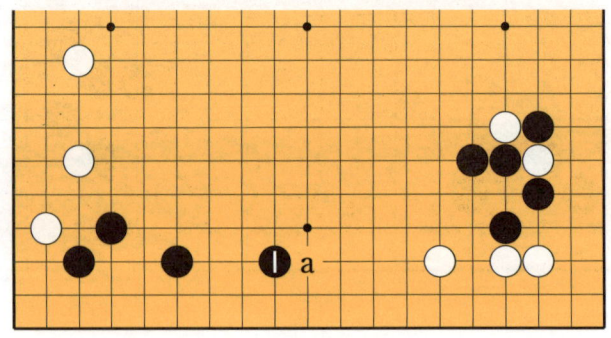

1도

▶ 흑1로 벌리는 한 수뿐, 다음에 a의 '치중'으로 백의 근거를 빼앗아 공격하는 수를 노리고 있다.

백2로 그것을 방지하면, 흑3으로 서서 '하변'에 좋은 '모양(세력)'이 생긴다.

1도 흑1은 느슨하고, 흑a는 어정쩡하여 안 된다. 아무튼 50점. 좌하처럼 '날일자'일 경우는 적의 뛰어듦을 겁낼 필요는 없으므로 되도록 넓게 벌리는 수를 선택하기 바란다.

16

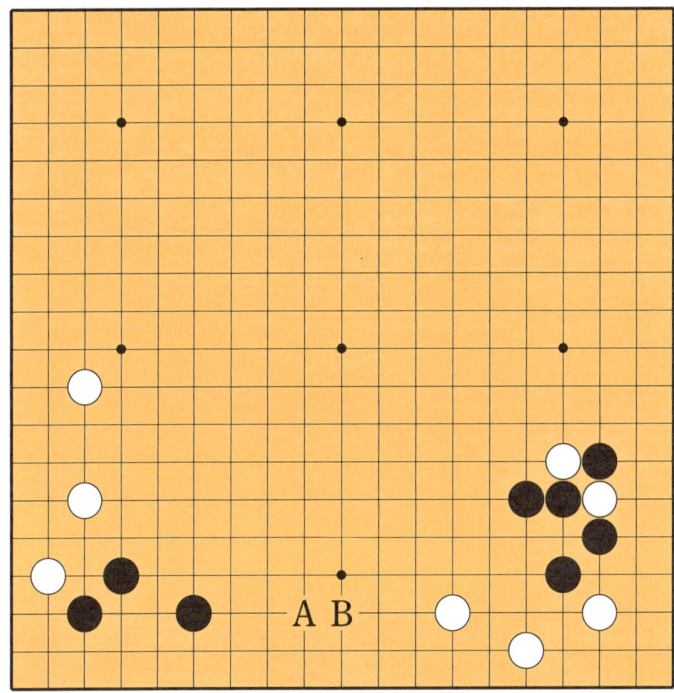

문제도

테스트 6   기본 ▶ 흑선

포석에 있어서, 벌림과 뛰어듦의 관계는 동전의 앞뒷면처럼 표리 일체라 해도 좋을 만큼 중요하다.

그러니까 대치하는 모양이 두터운가 엷은가의 조건에 따라 벌림의 폭이 결정된다. 흑부터 벌릴 경우 A, B의 어느 쪽을 선택해야 할까?

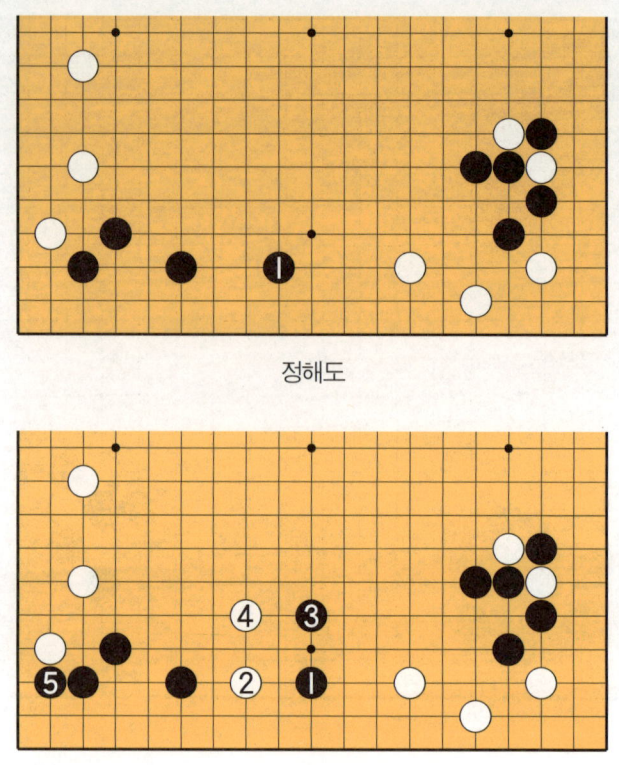

정해도

1도

▶ 우하귀의 백이 아주 견고하다면 흑1로 두 칸쯤 벌리는 게 물론 알맞지만, 이 경우라도 흑1의 두 칸은 온당한 구상이다.

1도 좌하귀의 흑이 견고한 태세라서 흑1의 세 칸도 있다. 백2의 뛰어듦을 환영하는 적극책인데, 그 취사 선택은 싸움을 거는 편이 유리한지 아닌지를 판단하여 결정한다.

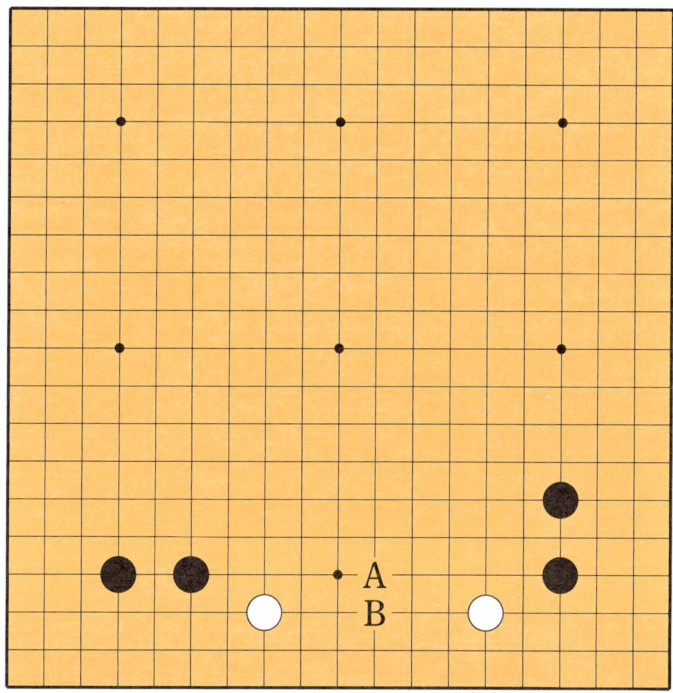

문제도

앞에서 풀이한 것처럼 벌림과 뛰어듦은 표리 일체의 관계이다.

즉 넓은 벌림에는 뛰어듦이 발생하고, 좁은 벌림은 활동력이 적다
는 차이.

뛰어듦의 '높낮이'로 국면은 변하는 법인데 A, B의 어느 쪽이 적절
할까?

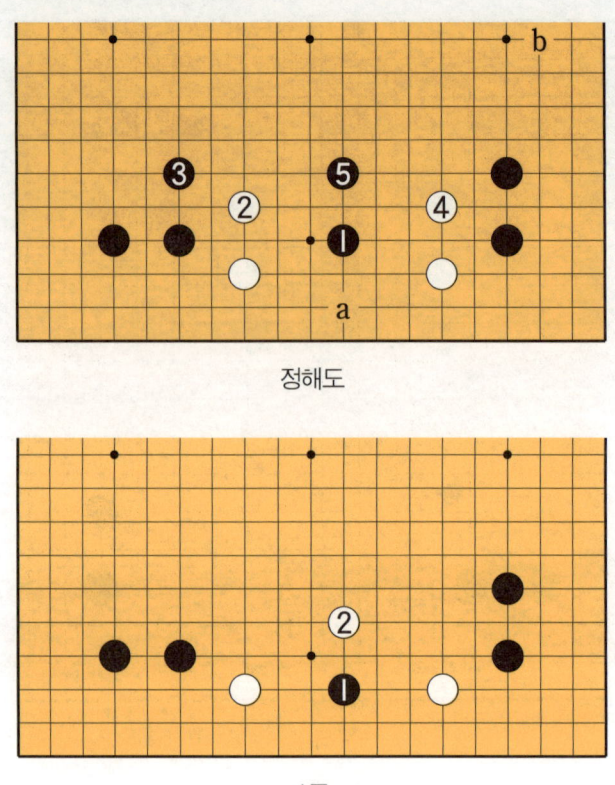

정해도

1도

정해

▶ 실전에서 늘 보는 배치인데, 흑1로 '높이' 뛰어드는 게 알맞다.
백2 이하는 하나의 예이지만, 흑5까지 알기 쉬운 구도라서 흑의 성
공이다.

백2로써 a라면 활동이 없는 '제2선'의 '받기'로 만족하고 흑은 b로
간다. 백도 하변을 지키는 데는 역시 1의 곳이 호형(好形).

1도 흑1의 깊은 뛰어듦은 백2로 '모자'를 씌움당해 번거롭다.

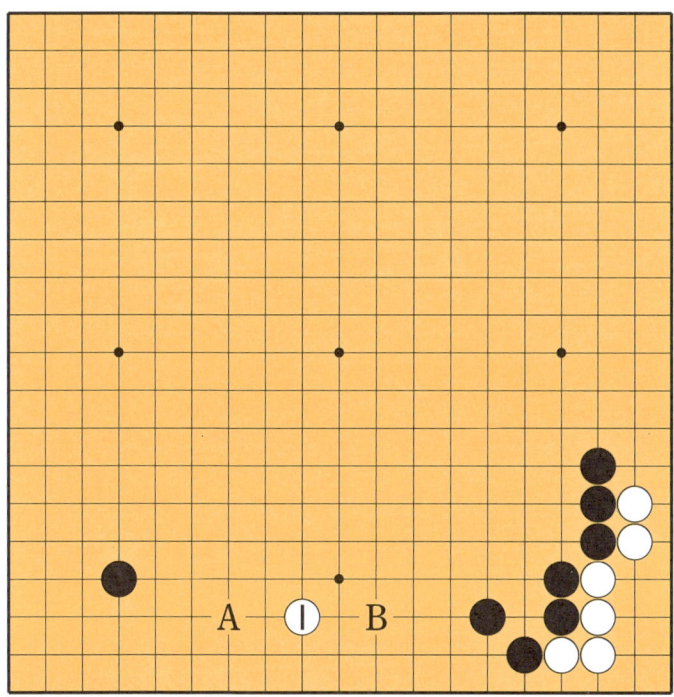

문제도

실전에 곧잘 등장하는 케이스.

백1로 '갈라쳐' 왔다. 여기서 흑은 A, B의 어느 쪽부터 '다가서는' 게 옳을까?

흑은 오른쪽에 강대한 세력을 자랑하고 있는 것이 판단의 포인트 이다.

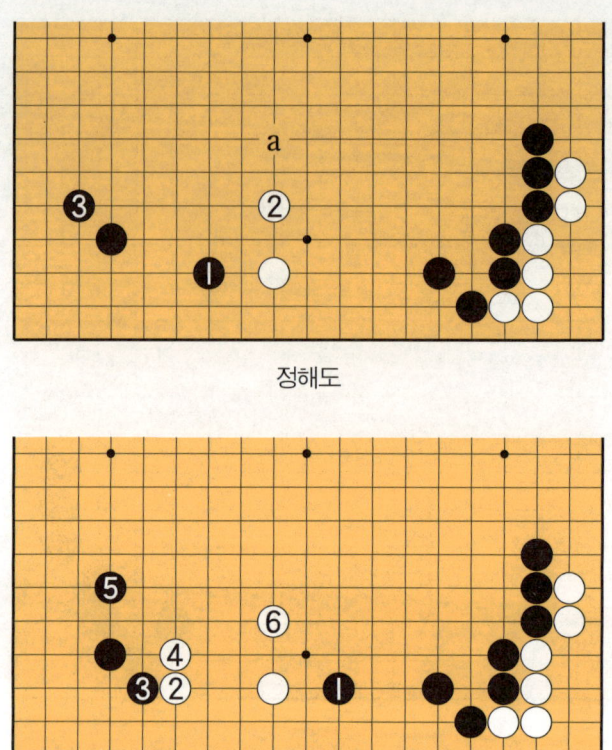

정해도

1도

정해

▶ 흑1쪽부터 다가서는 게 옳으며, 우측의 벽(두터움)을 활용하는 발상.

백2로 뛰면 흑3으로 귀를 확보하여, 하변의 마이너스를 되찾는 사고 방식이 순리이다. 다음에 흑a의 공격을 노리는 게 요령이다.

1도 흑1로 다가서는 것은 돌의 중복으로서 실패. 70점이다.

가령 백6까지로 안정되고 나면, 우측에 쌓은 벽은 도무지 효과가 없다.

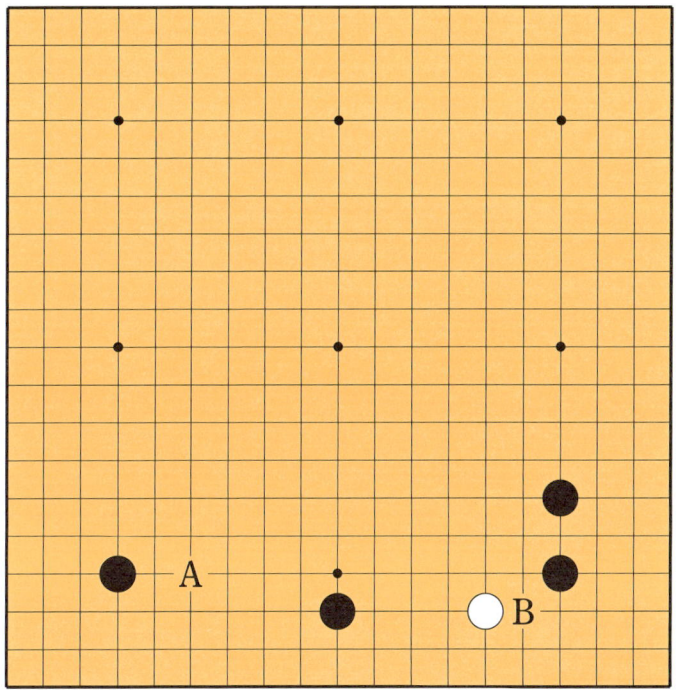

문제도

실전에서 곧잘 생기는 케이스이다.

적을 공격하면서 집을 만드는 게 이상적이라고 하지만, 막상 실전에선 그 완급이 꽤나 어렵다고 하겠다.

느슨한 A의 곳이냐, 급하게 몰아대는 B의 곳이냐, 흑의 바른 작전과 이상형을 그려 보기 바란다.

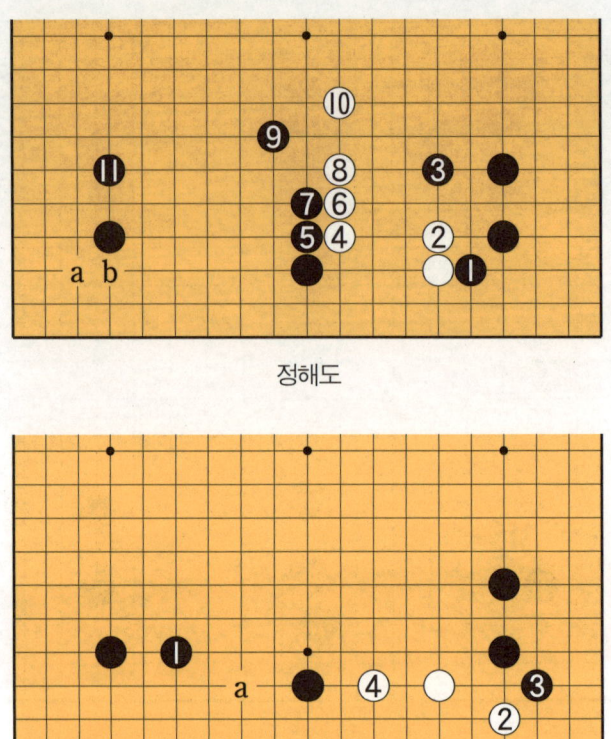

정해도

1도

정해

▶ 흑1의 마늘모 붙임이 정답. 이 백을 공격함으로써 좌우의 지역화를 꾀하는 게 포석 구상의 기본이다.

백2에는 흑3, 5로 도망치는 돌을 추격하여 9까지 되면 자연히 세력은 구축된다. 흑11의 다음 백a에는 흑b로써 '하변'에 큰 집이 약속되는 모습을 주목하자.

1도 흑1로 좌하(左下)을 집으로 만들겠다는 발상은 느슨하여 70점이다. 백2, 4로 둔 후 a의 뛰어듦이 예상된다.

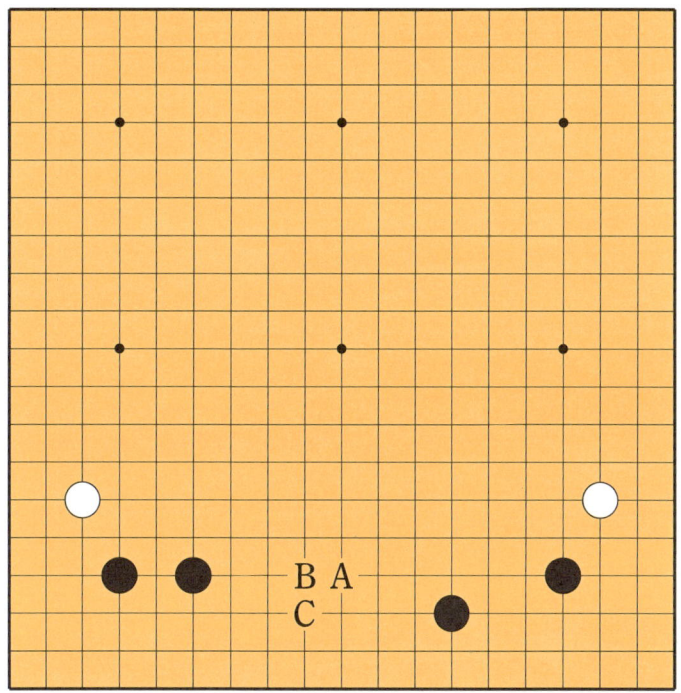

문제도

한쪽의 '굳힘'을 기점으로 하여 균형을 잡는 협공법, 벌림법에 관해 연구했다. 그림은 좌우의 굳힘을 중심으로 균형을 잡는 돌의 태세가 테마이다.

A, B, C의 세 곳 가운데 흑이 두면 가장 균형을 잡게 되는 곳을 선정해 보기 바란다.

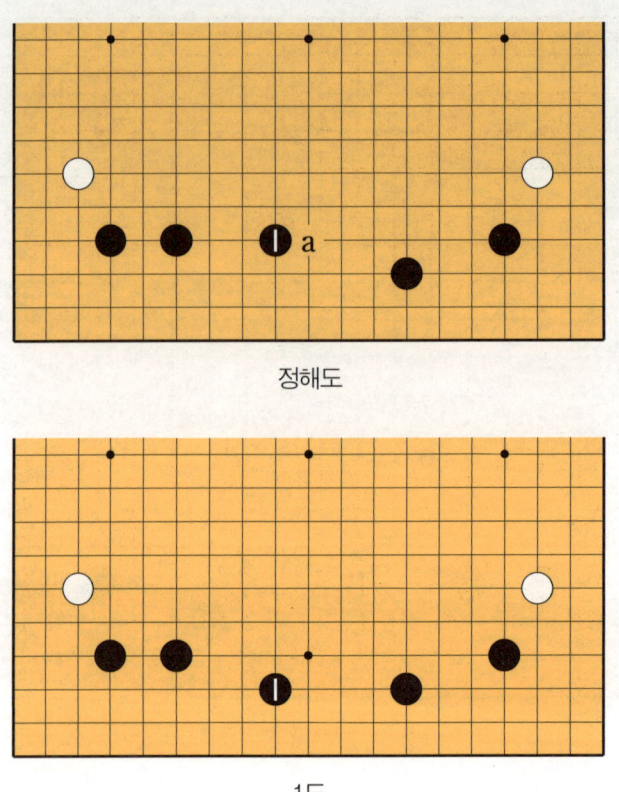

정해도

1도

정해

▶ 좌우 흑의 굳힘은 높낮이의 대칭을 이루고 있다. 그 점을 고려하여 흑1로 높이 두는 게 전체의 조화를 유지하는 균형 감각. 흑의 자세는 약동적이고 자못 스마트하다.

흑a는 지나치게 견고하여 80점이다.

1도 흑1은 좌측과의 관계로서는 균형이 잡혀 있지만, 우측 '눈목자'와의 관계가 중복되어 70점이다.

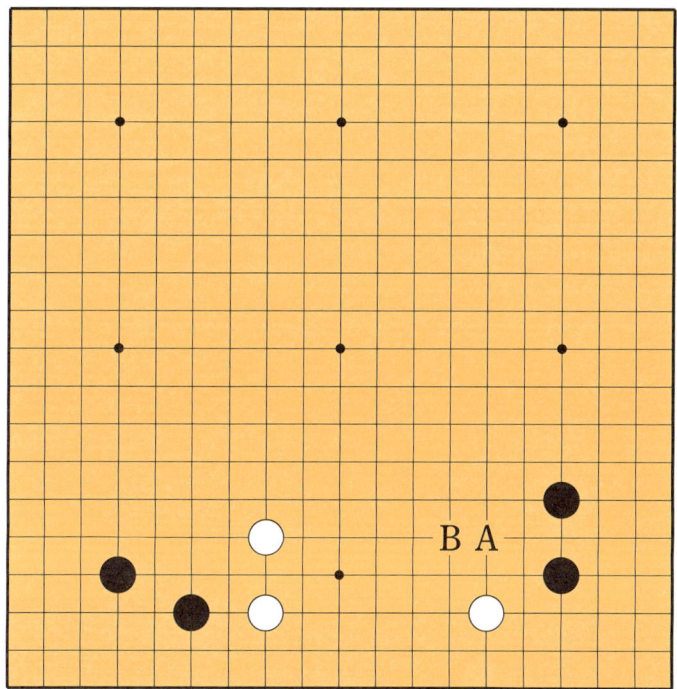

문제도

테스트 11   기본 ▶ 흑선

포석 구상에서 자주 고심하는 것은 상대편 모양에 대한 대책이다. 깊이 둘 것인가 얕게 삭감할 것인가, 또는 뛰어들 것인가의 선택이 중요해진다.

실전에 곧잘 생기는 모양인데 하변을 삭감하자면 A의 모자일까, 한 발 더 가서 B의 곳에 둘 것인가?

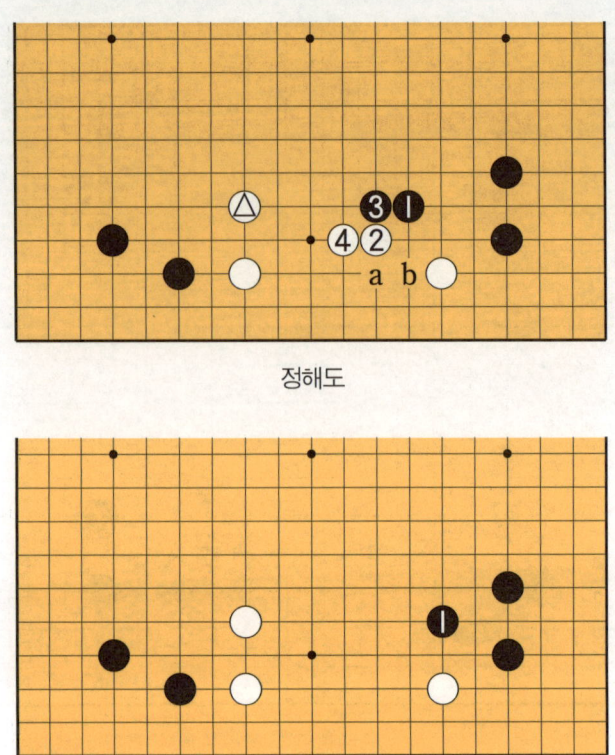

정해도

1도

정해

▶ 흑1에 둔 다음에 a, b의 매서운 수단을 노리는 게 정수이다.

백2로 받으면 흑3을 아끼지 않고 '선수'하는 게 좋고, 이 모습은 △가 급하지 않은 한 수가 되어 있는 게 쓰라린 것이다. 따라서 흑1로써 4까지 들어갈 필요는 없다는 생각이 든다.

1도 흑1은 견실한 것 같으나 실은 느슨한 수. 즉 다음에 강력한 수가 없어, 어정쩡한 위치임을 알 수 있다.

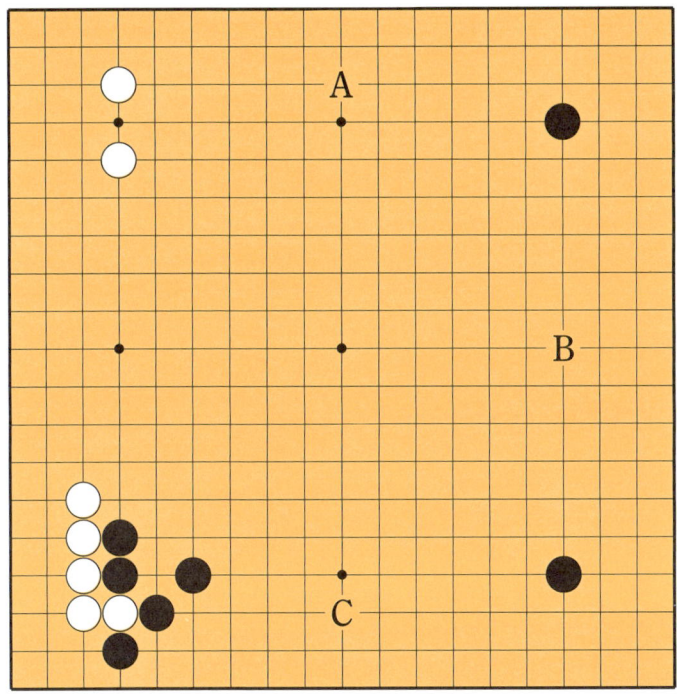

문제도

테스트 12   기본 ▶ 흑선

흑의 '2연성'에 대해 백이 맞보는 소목, 즉 '향소목'의 대응으로써 이루어질 수 있는 구도이다. 현대 포석의 전형적인 예로서 하나이지만, 여기서 생각할 수 있는 것은 상변의 A, 우변의 B, 하변 C의 세 곳이다. 최선의 착점을 골라 보면?

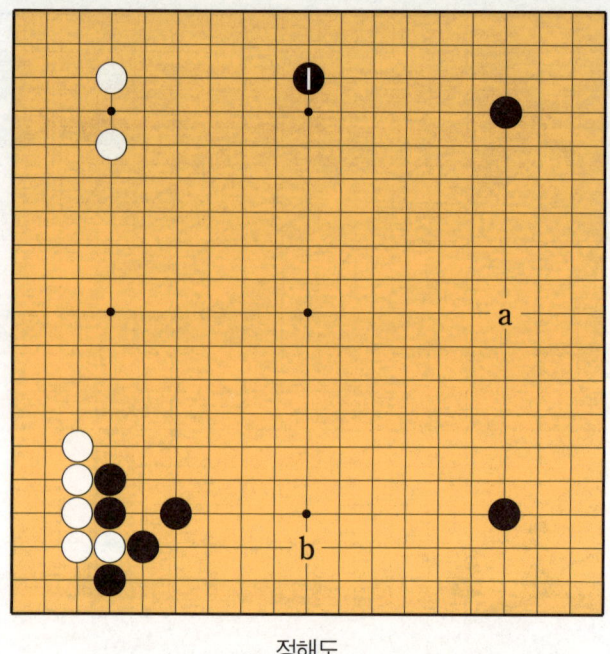

정해도

정해

▶ 흑1로 상변을 선택하는 것이 최고의 착점. 이유는 좌상귀의 백이 '한 칸 굳힘'으로서 상변에 위력을 과시하고 있기 때문이다. 즉 상변은 흑과 백이 대치하고 있어 승패의 갈림길이 된다.

그 중심인 흑1을 차지하는 일은 이중의 가치가 있는 셈으로서, 흑1을 두고 나서 a, b를 맞보기로 한다는 포석 구상이다.

그리고 a, b의 '큰 곳'은 흑 자신의 양쪽 벌림을 겸하고 있어 나무랄 데 없는 곳이지만, 대국적으로는 필쟁(必爭)의 곳인 상변에 준한다는 것을 알아 주기 바란다.

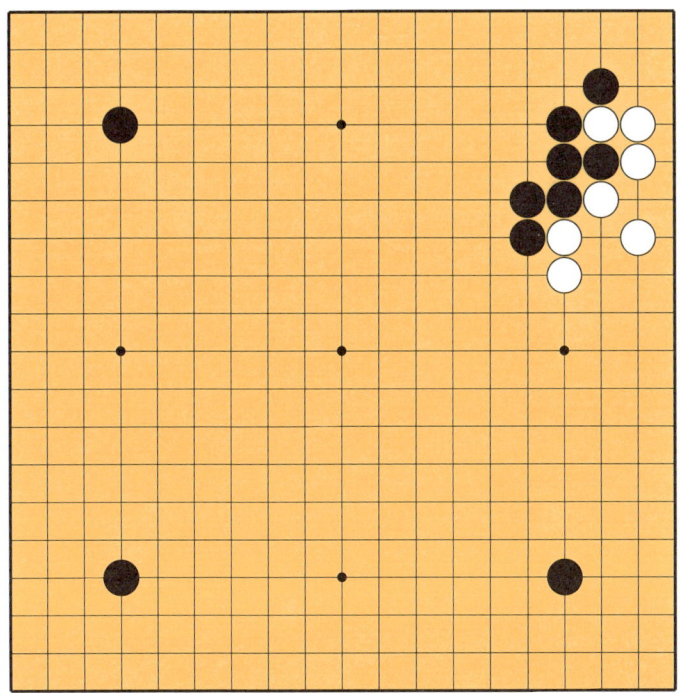

문제도

테스트 13 실전 ▶ 흑선

포석에서 중요한 것은 모양(세력권)과 집을 구별하는 바른 판단이다. 즉 포석 단계는 소극적인 집차지가 아니고, 되도록 세력을 넓혀 적극적인 태세로 나가는 일이다.

우상(右上)은 붙여뻗기 정석의 한 타입이다. 다음의 한 수는 어디일까?

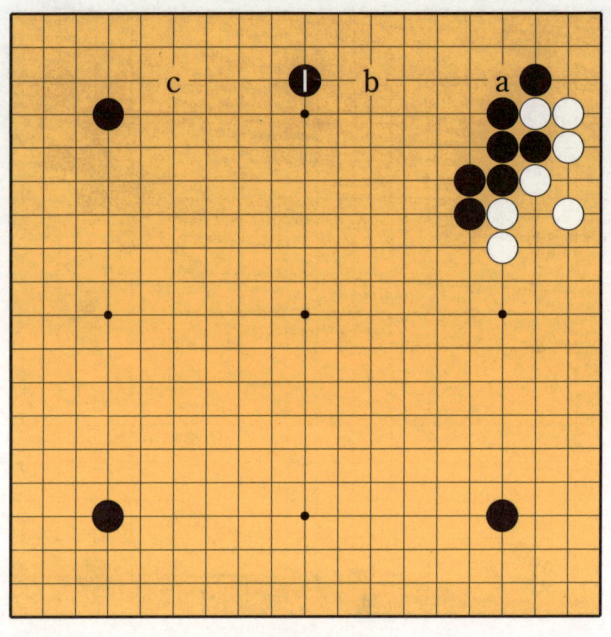

정해도

정해

　▶ 초보일 때는 모양(세력)과 집을 혼동하여 실패를 가져오는 일이 많은 법이다. 모양을 펼쳐도 그곳에 상대가 뛰어든다든가 하면, 벌써 집을 잃었다고 생각해 버린다. 거꾸로 적의 모양에 뛰어들어 살면 굉장히 이익을 얻은 것처럼 생각하지만, 그것은 전반적으로 옳은 판단이라고 할 수 없다.

　흑1로 큰 곳에 두는 것은 가장 중요한 포석의 요령이다.

　다음에 백으로부터 예상되는 a의 '끊음', b의 뛰어듦, c의 걸침 등은 이미 계산된 것으로, 임기응변으로 대응한다.

　이와 같은 모양의 구상은 부분에 얽매이지 않는 대국적인 작전에 따른다.

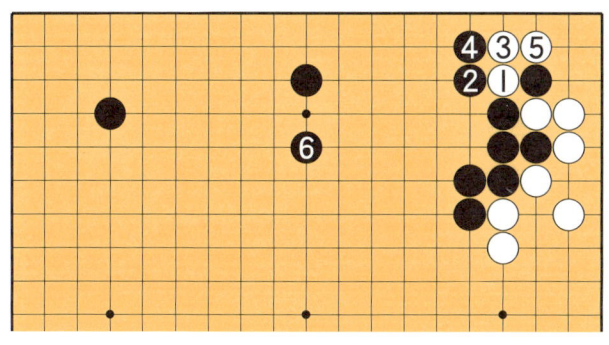

1도

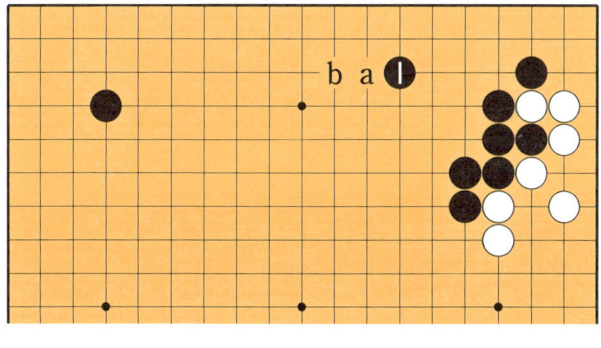

2도

1도 (참고) 백1의 끊음이 곧 두어진다고는 할 수 없지만, 이에 대해 흑2 이하 귀를 버리고 흑6으로 뛰는 구도가 간명. 귀를 백에게 내준 이상의 보상을 중앙에서 되찾는다는 사고 방식이다.

2도 (실패) 흑1로 앞 그림의 끊음을 방지하는 발상은 그 목적이 작아 실패, 50점이다. 흑a, b도 마찬가지로 불충분해서 60점. 아무튼 우변의 두터움과 중복되어, 그 효과는 적어지게 된다.

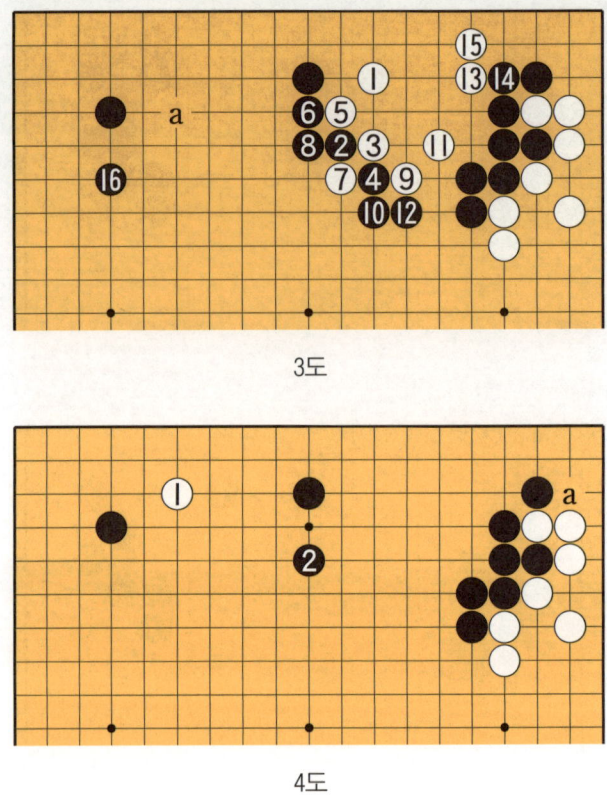

3도

4도

3도 (참고)   백1로 뛰어 들어오면 흑2의 날일자가 호수. 적을 우측의 벽으로 압박한다는 의미로서, 바둑 이치에도 맞고 흑이 기대하는 공격이다.

백3부터 15까지 겨우 살지만, 흑은 외부를 봉쇄하여 성공. 흑16 또는 a에 진용을 갖추면, 우측에서 잃은 것 이상을 좌측에서 획득하는 요령이다.

4도 (참고)   백1의 걸침에는 흑2로 뛰는데, 이번에야말로 흑a의 곳이 크다.

34

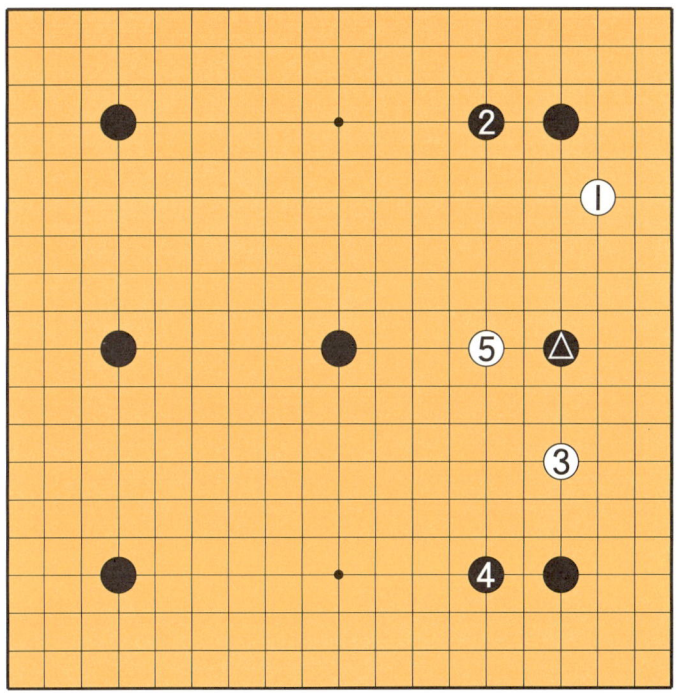

문제도

테스트 14　실전 ▶ 흑선

　여섯 점 이상의 접바둑은 이미 포석이 진행된 것과 같으므로, 백
의 걸침엔 즉시 싸움이 된다고 하겠다.

　백5로 모자 씌우면 '변'의 ●는 심하게 압박감을 받는 것 같지만,
이런 싸움은 빨리 졸업해 주기 바란다.

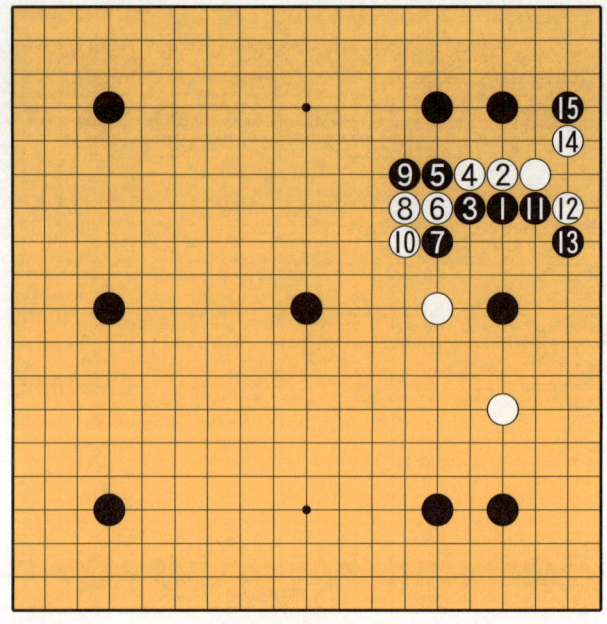

정해도 1

정해 1

▶ 접바둑 포석의 전술은 옛날부터 보면 시대와 함께 진보되고 있지만, 그것은 결코 까다롭지 않다. 접바둑 활용의 사고 방식 혹은 요령이 필요한 것이므로, 바르게 이해하여 실전에서 또는 '하수' 지도에 이용해 주기 바란다.

먼저 미리 놓은 돌(치석)의 활용인데, 흑1로 '어깨'를 짚고 강하게 싸우는 태도가 중요하다. 기세를 몰아 백2로 오면 흑3으로 일단 늦추고, 백4일 때 흑5로 '머리'를 '두드리는' 게 요령. 백6엔 흑7, 9부터 11로 누른다. 백12, 14에는 흑15로 봉쇄한다.

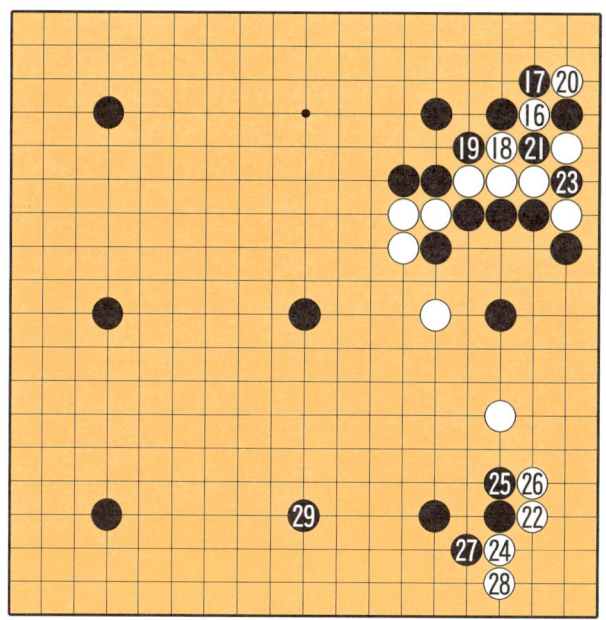

정해도 2

정해 2

▶ 앞 그림의 계속, 격렬한 귀의 공방인데, 어려운 변화는 없다.

백은 16부터 20의 '패'로써 '버티게' 되지만, 이하 흑23까지 패를 '따내게' 되면 흑은 이 바둑에 이긴 것이나 다름 없다.

참고도 패를 따낸 모양이다.

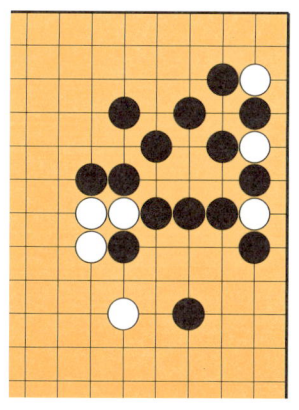

참고도

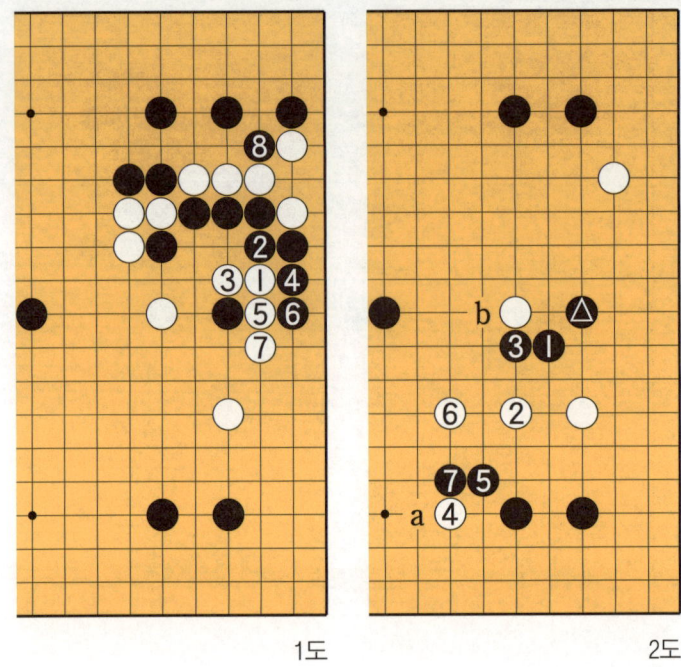

1도   2도

1도 (정해도 2의 변화) 백이 패를 피해 1 이하의 '수상전'으로 오면, 흑2 이하 6까지의 교환을 하고 나서 8로 죄어 나간다.

이곳은 흑의 우세한 장소여서 흑이 강하게 싸워 성공하지 않을 리가 없으므로, 만일 싸움에 실패하는 일이 있다면 그것은 도중의 수단에 잘못이 있기 때문이다.

2도 (참고) 흑1로 움직여 백을 분단하고 싸우는 것도 재미있는 전법이다. 흑7 이후 a, b 등의 '노림수'가 있어 흑이 단연 우세. 여기선 ❹를 활용하여 이길 수 있어야 한다.

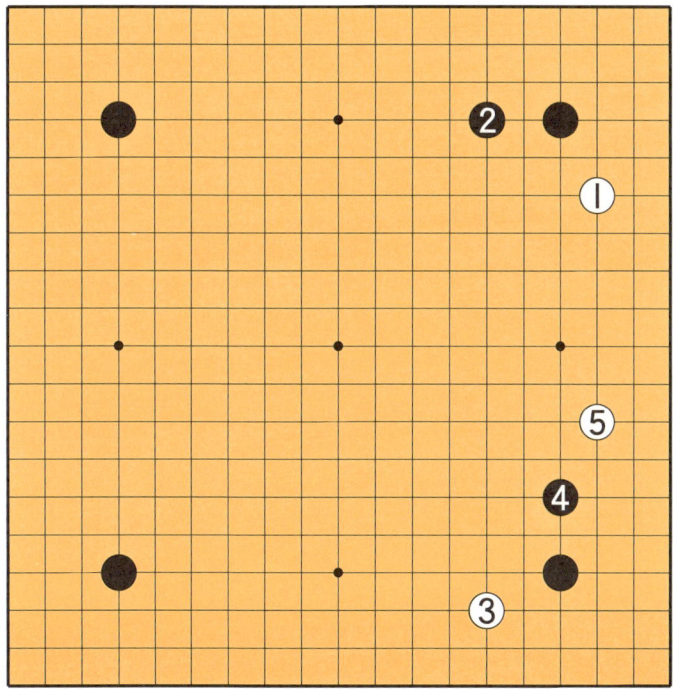

문제도

실전 ▶ 흑선

'넉 점 접바둑'이다. 넉 점의 접바둑은 변의 싸움을 잘하게 되면 졸
업으로서, 실력은 '석 점 바둑'으로 올라가게 된다.

백1부터 5까지는 흔히 생기는 포석인데, 여기서 흑은 어떤 구상을
할 수 있을까?

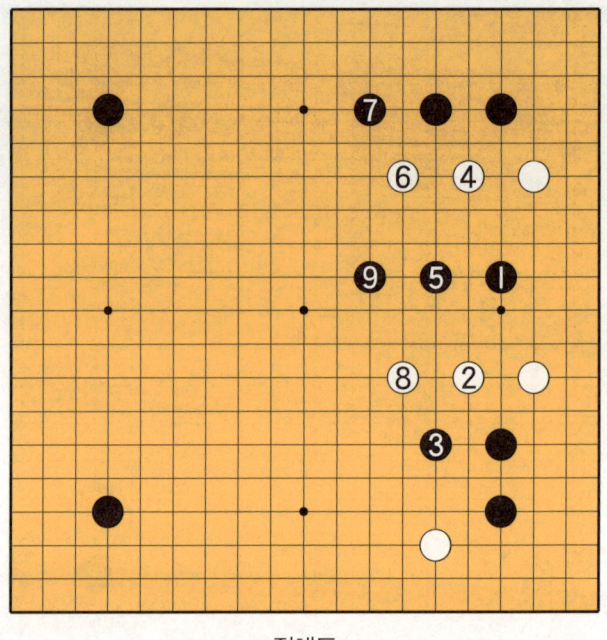

정해도

정해

▶ 접바둑의 작전은 견실하게 둔다는 원칙은 있지만, 백의 태세가 아직 정비되어 있지 않은 포석 단계에선 육탄 공격의 심정으로 부딪치는 태도가 중요하다.

여기선 우변의 복판에 1로 뛰어드는 게 매서운 전법. 이 한방으로 백은 상하로 분단되어 고전이다.

백2엔 흑3으로 '기역자로 뛰어' 연결을 허용않는 방침이다. 이어 백4로 이쪽을 뛰어나가면, 이하 흑9까지로 앞질러 뛰어 알기 쉬운 포석 설계가 완성된다.

전부 한 칸 뜀의 행진. 중앙을 횡단하는 흑 석 점이 돋보인다.

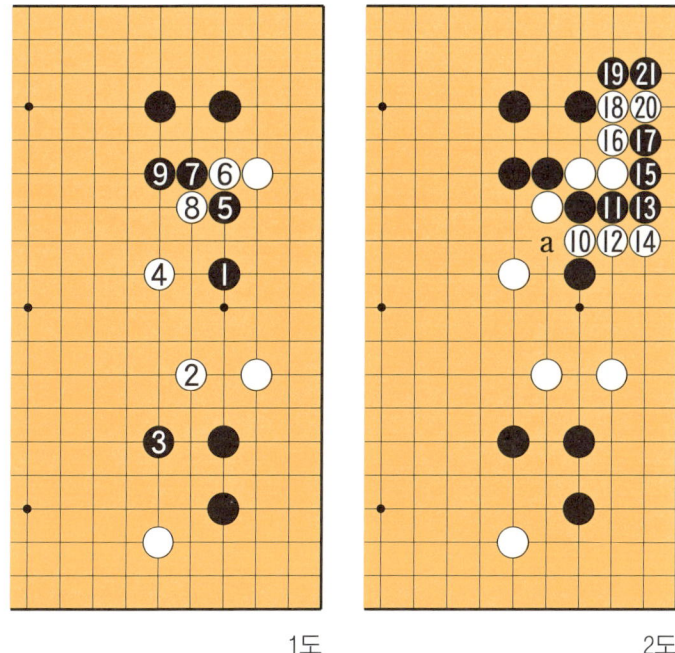

1도　2도

1도 (참고)　흑1에 대해 백4로 '모자'해 오면, 겁내지 말고 흑5, 7로써 싸우는 게 중요한 요령이다. 백8의 끊음에도 당황하지 말고 흑9의 '뻗음'이 호수로서 백은 생각보다 순조롭지 않다.

2도　앞 그림에 이어 백10, 12라면, 흑13부터 21까지로 귀의 백을 잡게 되어 흑의 성공이다.

'수순' 중 백14로써 15의 곳부터 누르는 것은 a의 끊는 맛이 있어서 흑14로 꼬부리는 수단이 성립, 백의 무리형(無理形)이다. 이처럼 4, 5점의 접바둑은 변의 싸움을 잘 하도록 힘써야 한다.

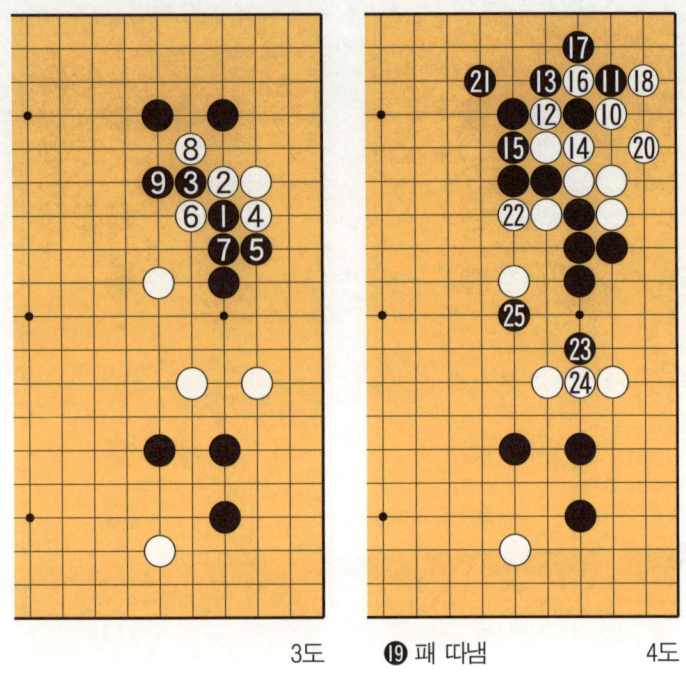

3도   ⑲ 패 따냄   4도

3도 (참고) 1도의 변화. 흑1, 3에 대해 백4의 꼬부림이라면 흑5로 눌러 강하게 싸운다. 놓인 돌을 활용하여 '수읽기'의 힘을 양성하기 위해서라도, 무조건 싸움을 피하는 태도는 안 된다.

4도 (3도의 계속) 백10부터 양쪽 모두 수순을 다하면 흑21까지의 변화가 예상된다.

이어 백22에 두면 흑23, 25를 준비하여 백의 고전이다. 흑은 뛰어 듦부터 단숨에 우세의 국면을 확립. 이렇게 순조롭게 둘 수 있는 것도 변에서의 싸움이 비결이다.

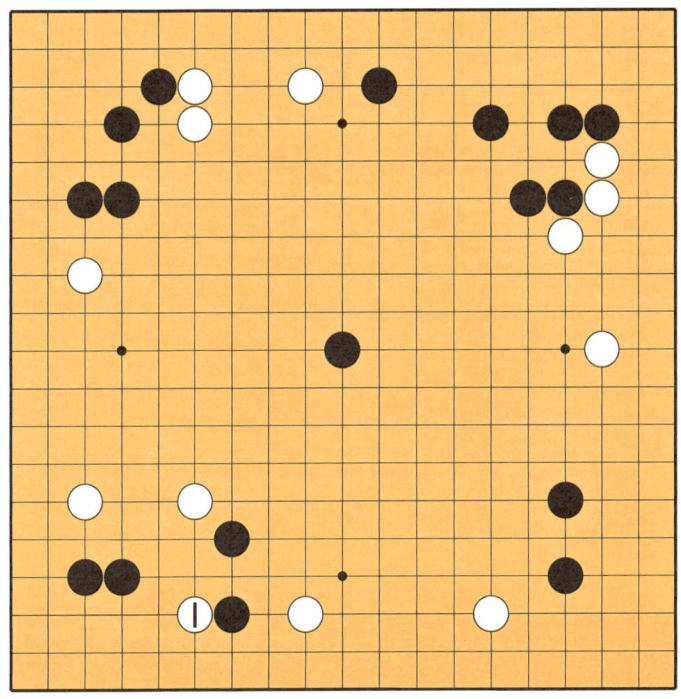

문제도

5점 접바둑이다. 네 귀에 각각 다른 정석이 두어져 있는 포석 구상이다.

지금 백이 1로써 귀쪽에 응수 타진해 왔다. 접바둑의 실전에서 흔히 생기는 모양인데, 흑은 어떻게 응수할까?

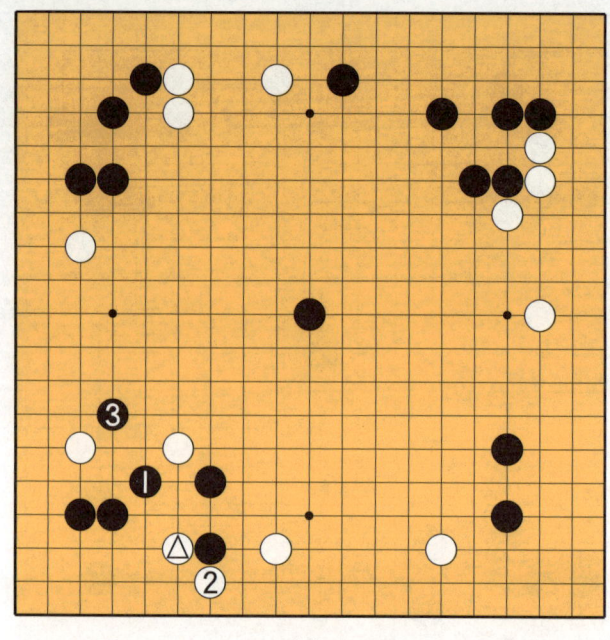

정해도

정해

▶ 백이 △에 붙이는 상투 수단에 대해선 대책을 준비해 둔다. 즉 흑1의 마늘모가 정맥. 그래서 백2로 건너가면 흑3으로 씌워서 변화하게 된다.

참고도 흑1에 대해서 백2라면 흑3으로서, 충분한 '바꿔치기'이다.

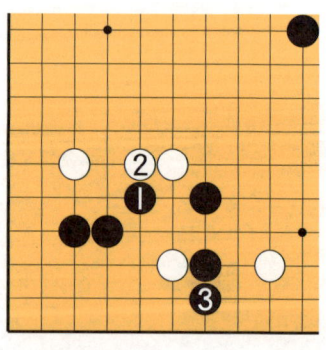

참고도

44

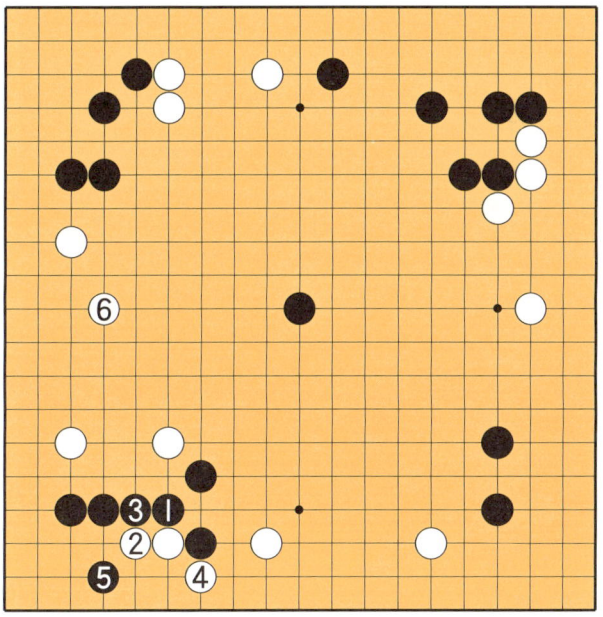

1도

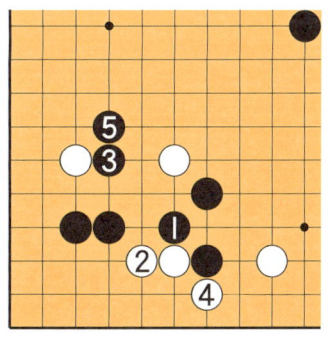

참고도

1도 (실패) 평범하게 흑1로 누른 다음 이하 5까지는 흔히 두어지는 진행인데, 이것은 모두 백의 '주문'으로서 흑은 실리의 손실이 큰 것이다. 70점.

참고도 이 과정에선 흑3의 반격이 정맥으로서, 백4엔 흑5로 뻗어 하변의 대가를 좌변에서 얻으면 만족한 모습.

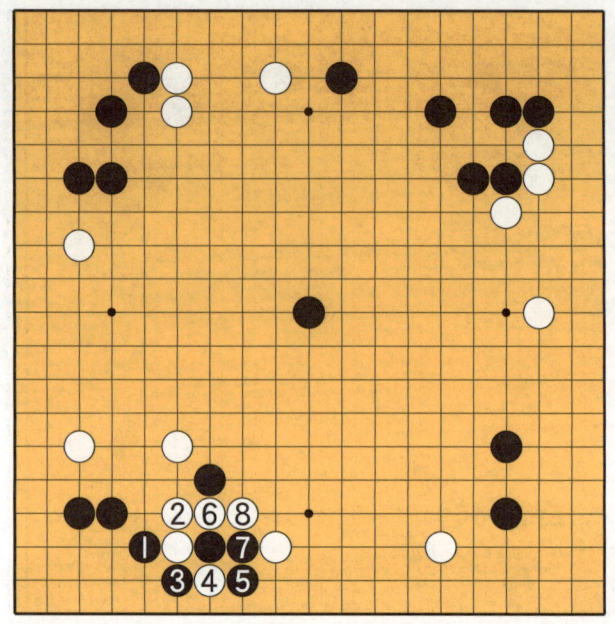

2도

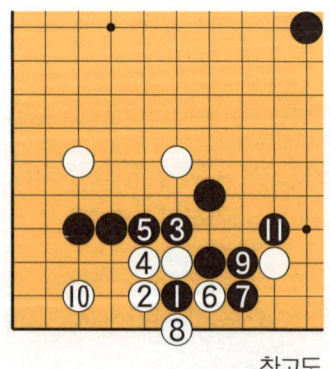

참고도

2도 (변화) 흑1의 마늘모 붙임으로 귀를 지키는 것도 한 방법이지만, 백에게 외세를 주는 결과가 된다. 이 결과는 흑의 실리를 앞서는 성과로서 백의 성공. 80점이다.

참고도 흑1의 '아래 젖힘'은 백2 이하 선수로 삶이다. 흑은 외세가 견실, 90점.

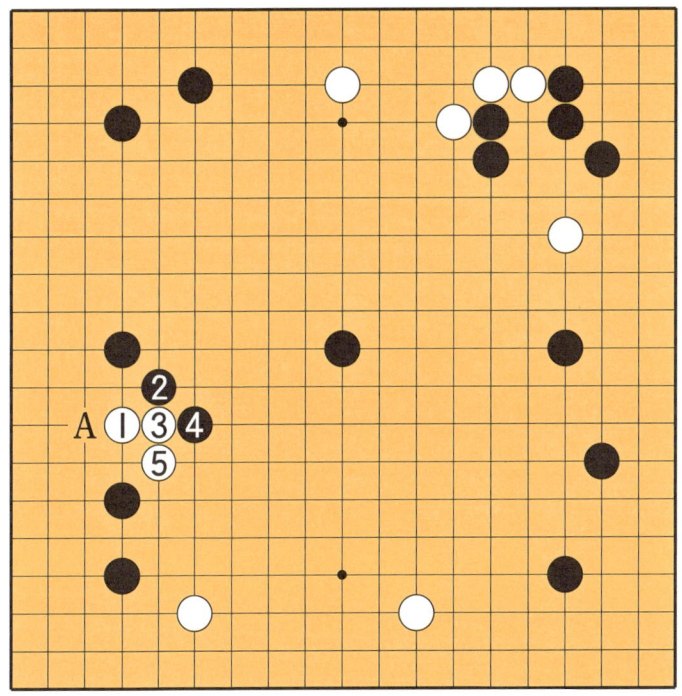

문제도

7점 접바둑이다. 실전에서 흔히 생기는 케이스인데, 백1의 뛰어듦에 대한 요령이다.

여기서 흑A의 곳 따위 '붙이는' 것은 최악으로서 강력히 2, 4로 공격하는 게 호수. 백5일 때 이 장면에 대처하는 강력한 정석이 있다. 그것은?

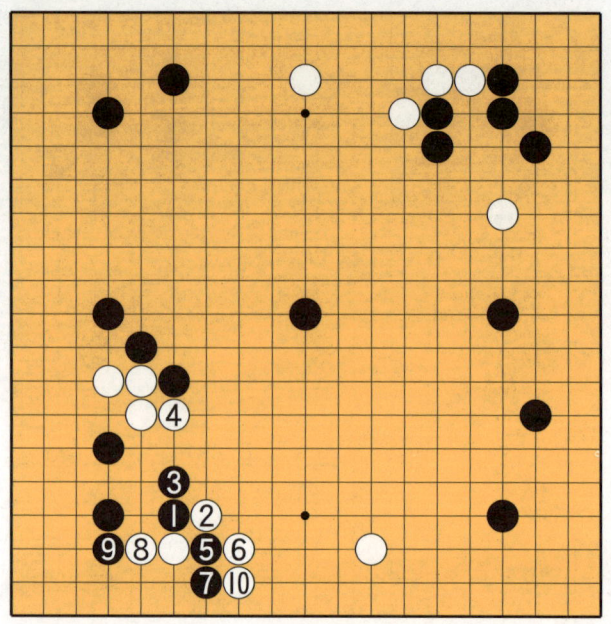

정해도

정해

▶ 석 점의 백을 노려보며 흑 1, 3으로 붙이고 뻗는 게 변의 정석이다. 백4로 나오면 흑5로 끊는 게 최선으로서 백10까지는 '외길'.

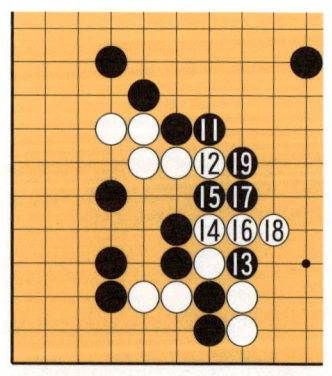

참고도

참고도 흑11에 두고 백12를 기다렸다가 흑13 이하의 노림수 가 멋지게 적중했다. 백의 탈출 로가 완전 봉쇄된 모습.

48

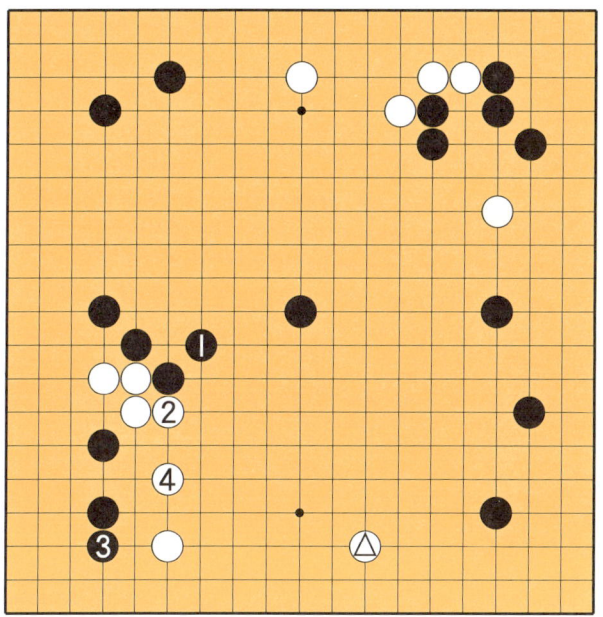

1도

1도 (변화) 흑1로 '호구 이음'하는 것도 견실하지만, 그러면 백2로 꼬부린 다음 흑3으로 귀를 지키면 백4로 연결한다. 이것은 백△와 더불어 백 모양이 커지므로 90점의 착상이다.

참고도 문제도의 수순이 달라져 흑△에 백1의 '젖힘'이라면, 흑2로 끊은 다음 14까지 되는 게 정형(定形). 이것도 흑이 좋은 결과이다.

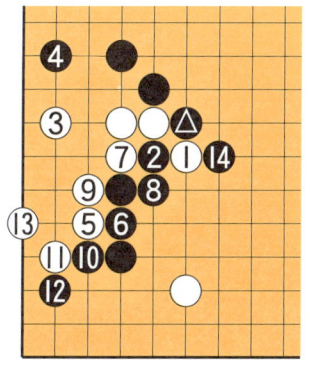

참고도

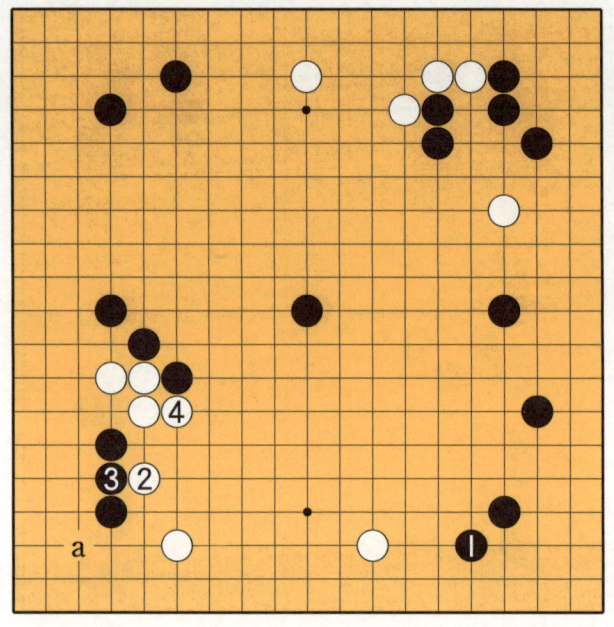

2도

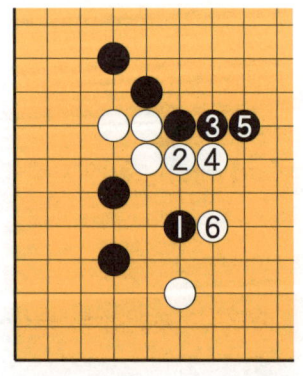

참고도

2도 (실패) 흑1의 마늘모는 실리
를 벌면서 하변의 뛰어듦을 보아 좋
은 곳이지만, 이 국면에선 초점을 벗
어나서 70점. 백은 옳거니 하며 2,
4로 진용을 정비하는데 차후 a가 위
협이다.

참고도 흑1의 날일자는 백2 이
하의 봉쇄로서, 흑은 중앙의 자세는
좋지만 귀가 불안하므로 70점.

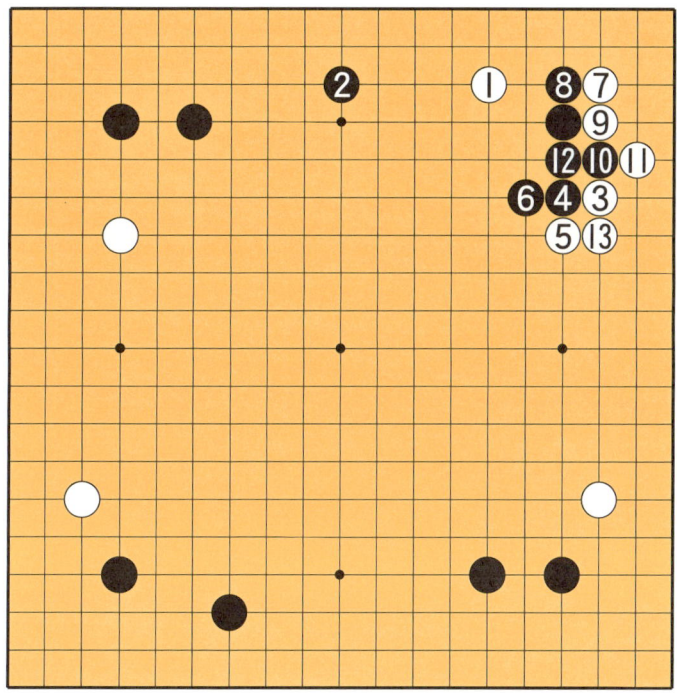

문제도

4점 접바둑이다. 백1 이하는 화점의 기본 정석인데, 수순 중 흑10
이 중요한 한 수. 백13까지 되었을 때 흑으로선 놓칠 수 없는 모양
의 급소가 있다.

여기저기 좋은 곳이 흩어져 있지만 어떤 구상이 적절할까?

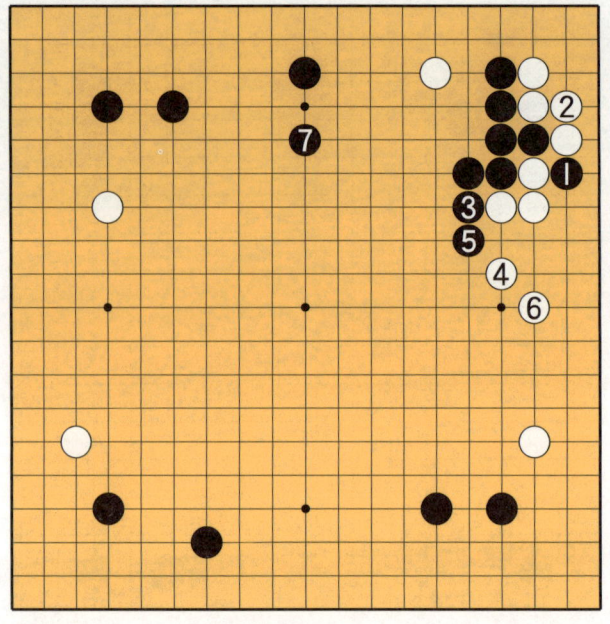

정해도

정해

▶ 급소는 모든 호점(好點)보다 우선하는데, 정해도는 그것에 해당
된다. 이 모양은 흑1의 끊음이 급소로서 훌륭한 응수 타진이다. 백2
로 이으면 흑3으로 꼬부리는 게 1과 관련된 수단이다.

백은 강력히 둘 수도 없고 고작 4로 뛰는 정도인데, 흑은 5의 뻗
음도 선수로 듣는 점에 주목할 것. 백6을 기다려 흑7의 뜀까지 당당
한 포석 설계가 완성되었다.

'버림돌(사석)' 이용의 모범 예인데 1의 버림돌에 주목하자. 그야말
로 흑1은 절호의 타이밍이자 중요한 요령이라 하겠다.

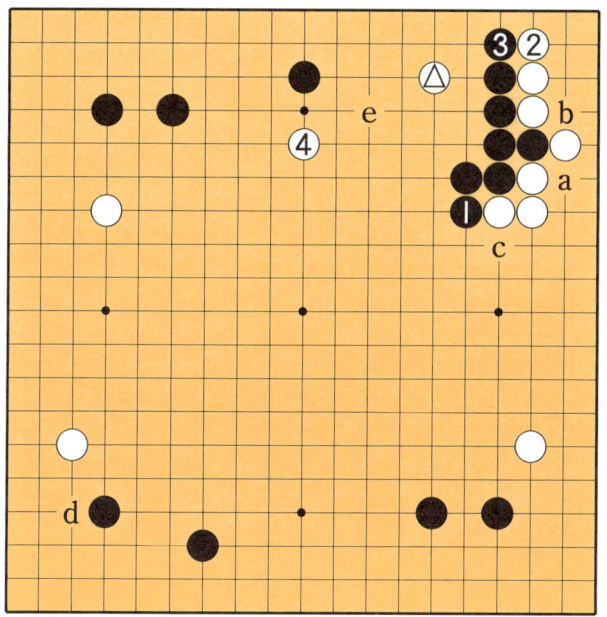

1도

1도 (실패) 흑a의 끊음을 몰라서 단지 흑1로 꼬부리는 것은 수순의 잘못이다. 백은 2의 '내려섬'을 듣게 하는 게 발빠르며, 흑이 a로 끊지 않음을 응징하고 있다.

흑3은 부득이한데, 다음 유유히 백4의 모자로 가버려 흑의 작전은 실패이다.

만일 앞 그림처럼 흑a, 백b의 교환이 있다면, 다음엔 흑c로 젖히는 '강수'가 있다. 또한 흑1로써 d의 곳에 두어 귀를 지키는 것도 좋지만, 그러면 백2, 흑3일 때 백e의 곳에 두어 △와 연결하면서 거꾸로 흑이 공격 받는다.

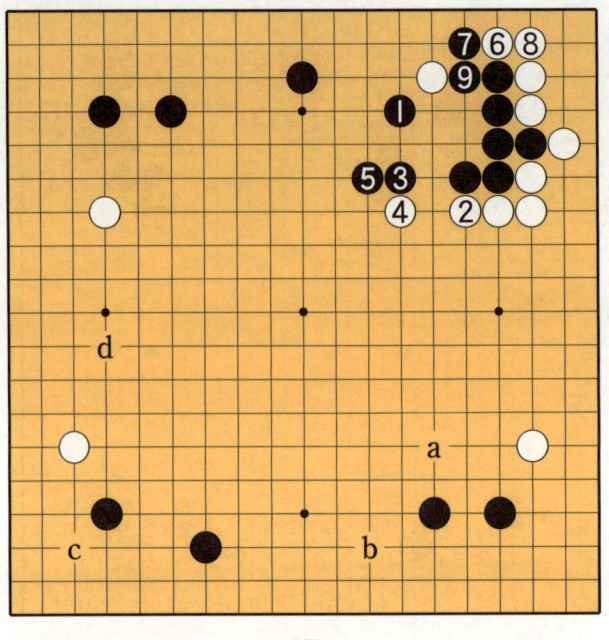

2도

2도 (실패) 흑1에 씌워서 백 한 점을 잡으러 가는 사람이 많은데,
이런 발상은 백의 주문에 걸려든 수로서 60점이다.

백은 옳거니 하며 백2, 4로 좋은 자리를 '밀고', 다시 선수로 6, 8의
'젖혀이음'을 결정한다. 흑은 백 한 점을 잡기는 했지만 많은 돌을 투
자해서 불만이며 더욱이 후수이다.

백은 다음의 좋은 곳인 a, b, c, d 등의 선택권을 쥐고 있어, 이미
백이 유리한 형세라고 판단된다.

정해도에서 보여준 흑1 끊음에 의한 효과와 수순이 갖는 중요성을
음미해 주기 바란다.

2

호선 포석
기본·실전
테스트

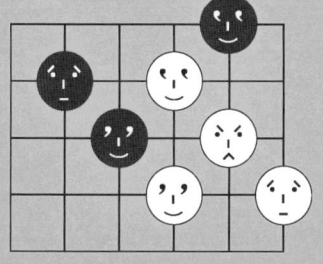

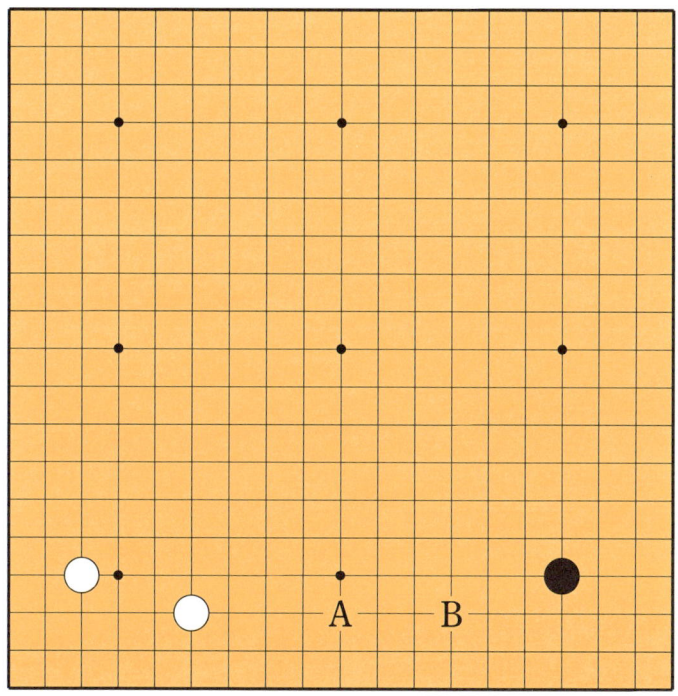

문제도

좌하귀는 백의 '눈목자 굳힘'으로 되어 있다. 흑은 이런 배치를 고려하여 하변으로 향하는 것인데, A의 화점 아래로 벌릴 것인가 B의 눈목자를 택할 것인가, 어느 쪽이 적절할까?

간단한 구상도를 전개해 주기 바란다.

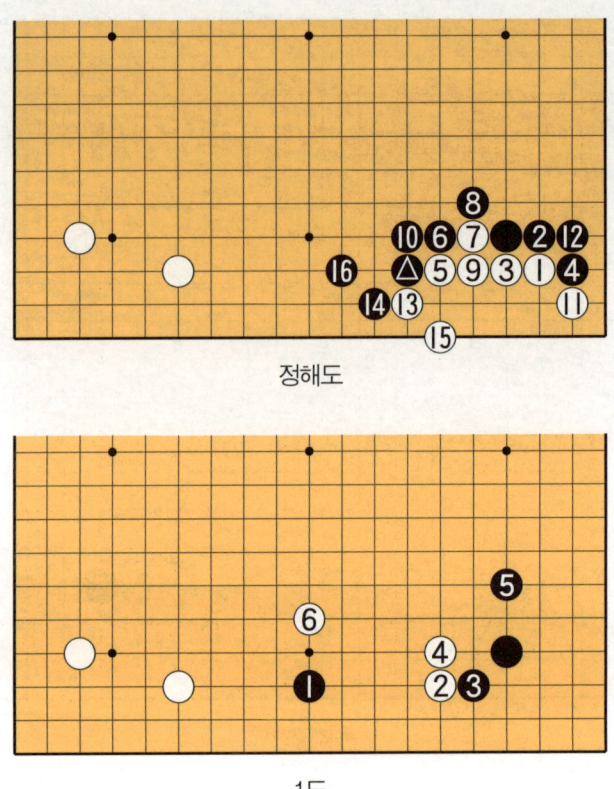

정해도

1도

정해

▶ 흑은 ⬤의 눈목자로 포석하는 게 알맞다. 가령 백1로 뛰어들면 흑2의 누름부터 16까지의 정석이 펼쳐지는데, 여기서 구축된 흑의 외세는 좌하귀의 백의 실리에 충분히 맞서고 있다.

1도 흑1의 화점 아래는 위치가 낮은 것이 난점이다. 백6으로 모자 씌워지면 어딘지 부자유스런 느낌이다.

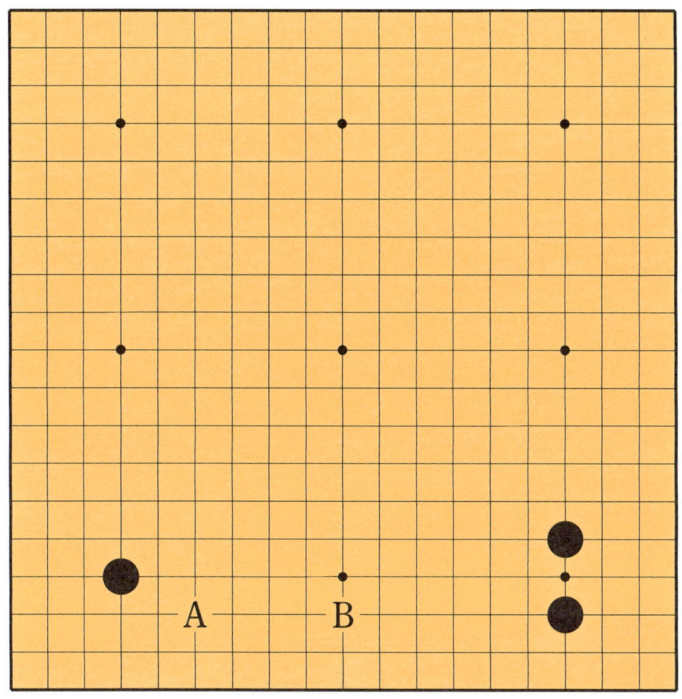

문제도

　포석에선 일석이조의 역할을 하는 케이스가 많으므로, 당연한 일이지만 그런 수법을 먼저 두려고 줄다리기가 전개된다.

　실전에서 흔히 생기는 모양인데, 백은 A의 걸침인가 B의 갈라치기인가, 어느 쪽의 착상이 옳을까?

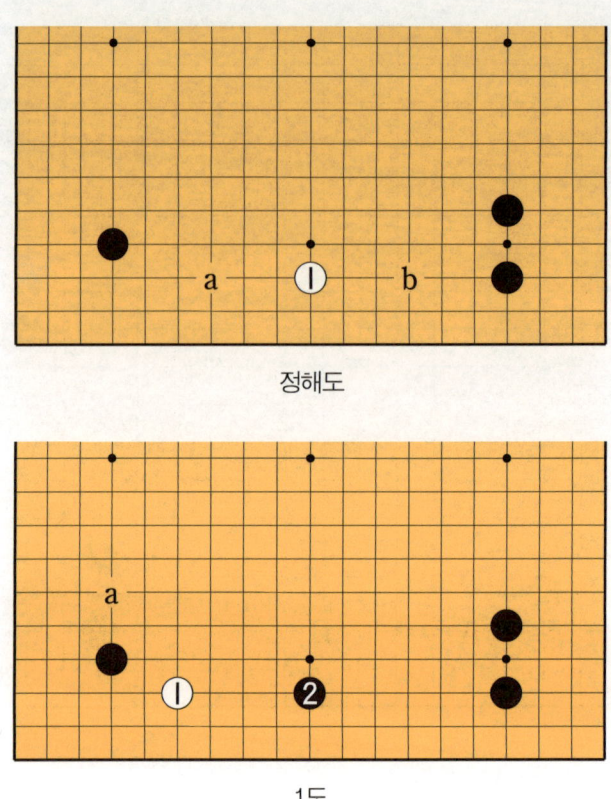

정해도

1도

정해

▶ 백1의 갈라치기가 올바른 착상이다. 그런 다음 a, b의 두 칸 벌림을 하는 여지를 본다.

1도 백1의 걸침은 흑2의 협공이 귀로부터의 벌림을 겸한 일석이조의 활동을 하므로 실패. 따라서 흑2를 허용하는 것은 포석의 금지사항이라고 알아 두자.

흑2로서 a의 곳을 기대하여, 다음 백2를 차지하겠다는 것은 지나친 욕심이다.

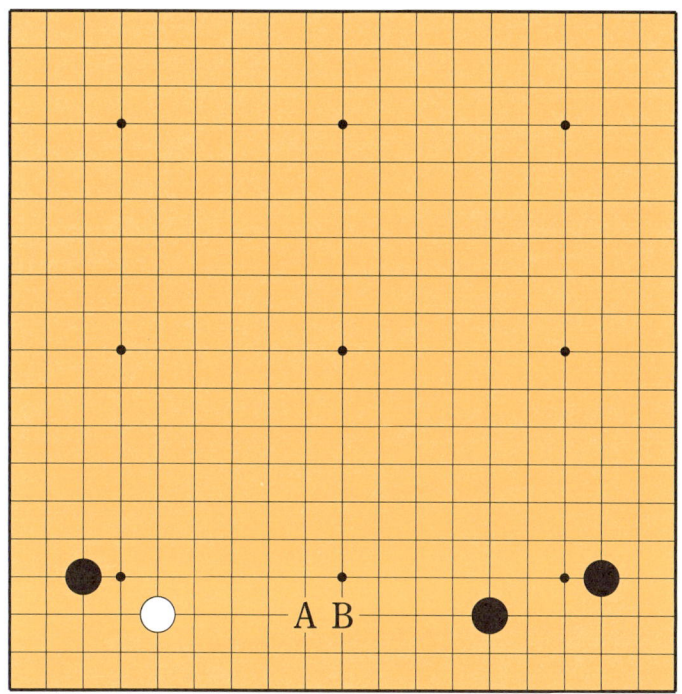

문제도

　우하귀의 흑은 눈목자 굳힘으로 되어 있다. 흑의 자세가 견고하다 할 정도는 아니지만, 벌림의 넓고 좁음은 한 칸이라 할지라도 차이가 생긴다.
　백은 A, B의 두 곳 가운데 어느 쪽이 적절할까?

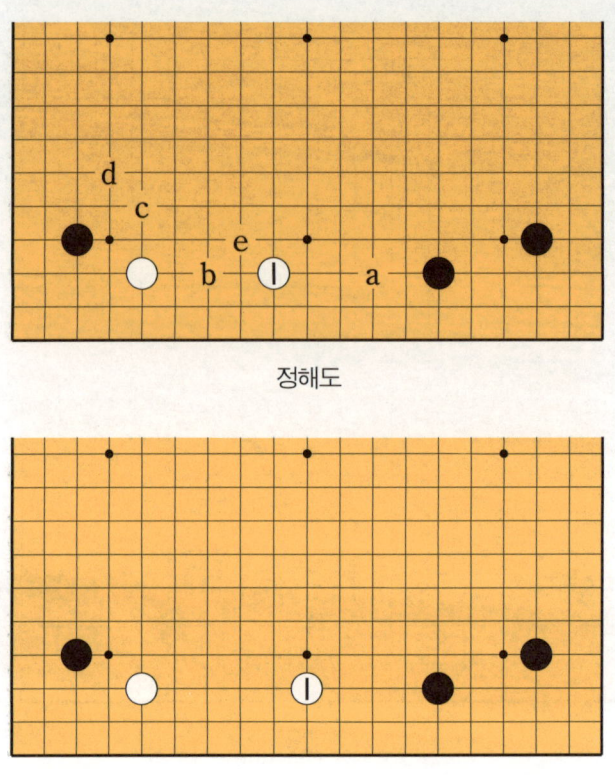

정해도

1도

정해

▶ 백1의 세 칸이 정수. 즉 흑으로부터 뛰어듦을 당했을 때 백1의
벌림이 흑을 포위할 여유가 있는지, 또 반대쪽으로 다가설 여유가 있
는지가 판단의 기본이다. **정해도**의 경우, 백이 a로 다가설 여유가 있
을 뿐만 아니라 만일 흑b에 뛰어들어도 백c로 뛴 다음 흑d라면 백
e로써 겁나지 않는 것이다.

1도 백1로 한 칸 넓게 전개하는 것은, 흑으로부터 뛰어듦을 당했
을 때 우측으로 다가설 여지가 없으므로 실패이다.

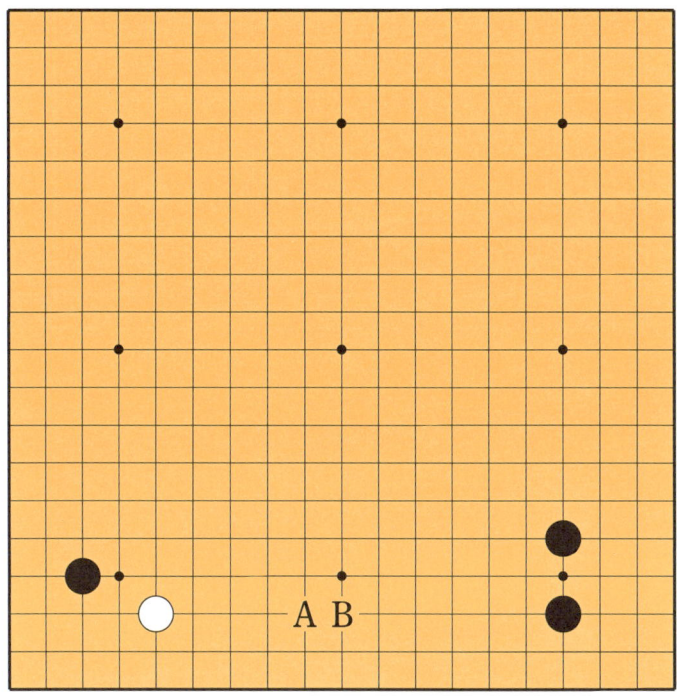

문제도

　넓은 벌림이나 좁은 벌림은 자유롭게 선택할 수 있지만, 귀의 굳힘 방법에 대한 조건에 따라 완급이 생긴다.

　우하귀의 한 칸 굳힘을 고려하여 판단해야겠지만 A, B의 어느 쪽이 옳을까?

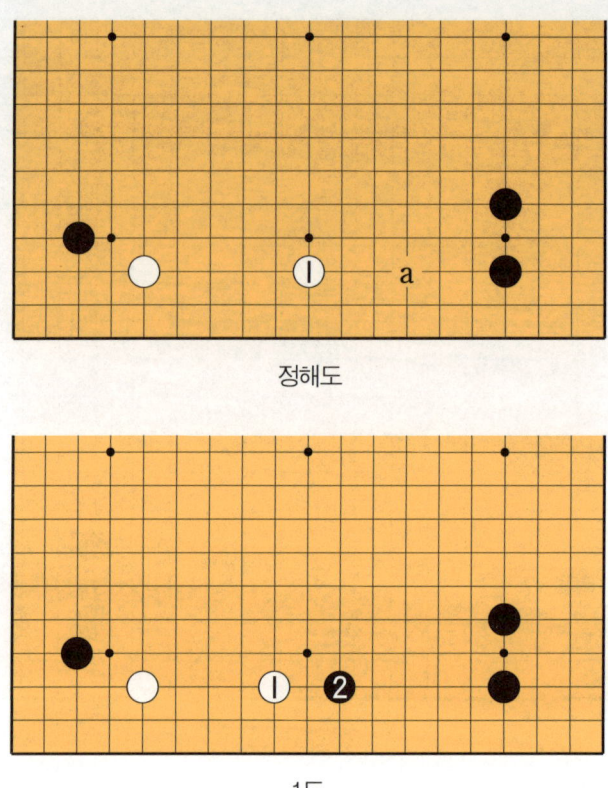

정해도

1도

정해

▶ 여기선 백1로 네 칸까지 전개하는 것도 가능하다. 그러니까 흑으로부터의 뛰어듦에 대해서는 백a로 두 칸 벌릴 여지를 남기고 있다는 것이 이 경우의 기본적 사고 방식이다.

1도 백1로 한 칸 좁게 두는 것이 견실한 것 같지만, 이 경우는 흑2의 다가섬의 가치가 커진다. 백은 보강하려 해도 알맞은 착점을 구할 수 없어 60점이다.

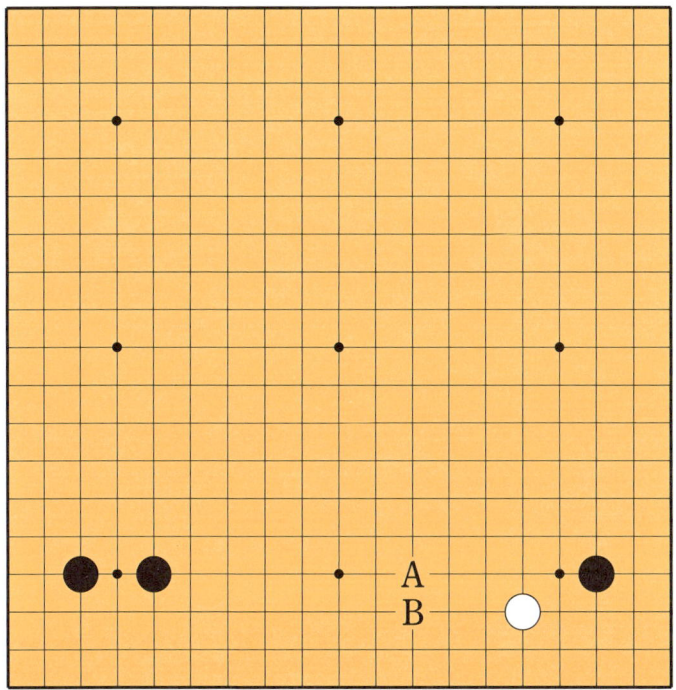

문제도

테스트 5   기본 ▶ 흑선

포석은 주로 '제3선'과 '제4선'의 균형으로써 두어진다. 즉 포석의 조건에 따라 높낮이의 균형을 잡도록 궁리해야 한다.

흑은 A, B의 협공 중 어느 쪽이 균형이 잡혀 있을까? 좌하의 한 칸에 주의하기 바란다.

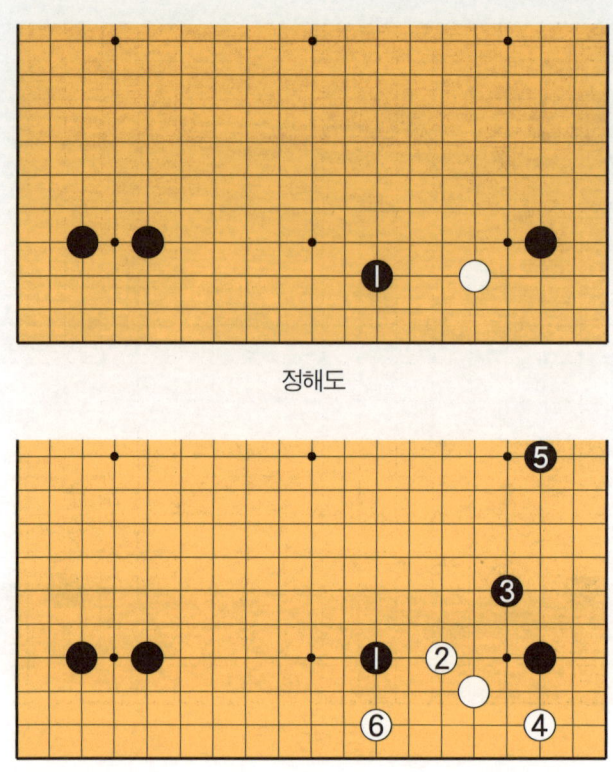

정해도

1도

정해

▶ 포석의 균형이란 간단히 말해서 한쪽이 높다면 한쪽은 낮게 둔다는, 극히 자연스런 발상으로서 그것이 균형을 잡는 것과 통한다.

좌하귀의 굳힘이 높은 제4선이므로 협공은 낮은 제3선에 두는 발상이 균형의 기본이다.

1도 흑1로 높게 협공하는 것은, 차후에 백6에 '미끄러지는' 여지를 주어 하변은 흑집이 되기 어려운 것이다.

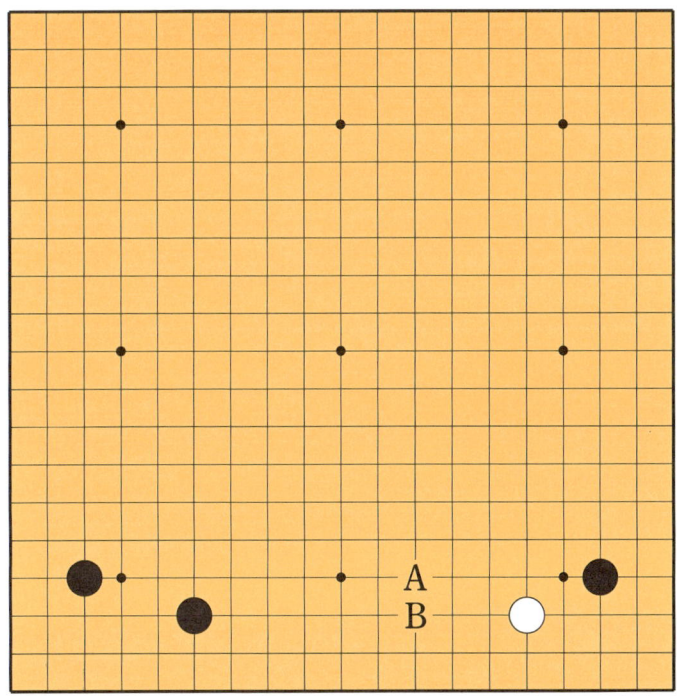

A
B

문제도

앞 문제의 응용이므로 바로 이해되리라 생각한다.

두 칸 협공은 중용을 갖춘 협공으로서 실전에서 가장 많이 사용되고 있다.

흑A, B의 어느 쪽이 적절한 협공일까? 좌하의 눈목자 굳힘을 고려하여 선택한다.

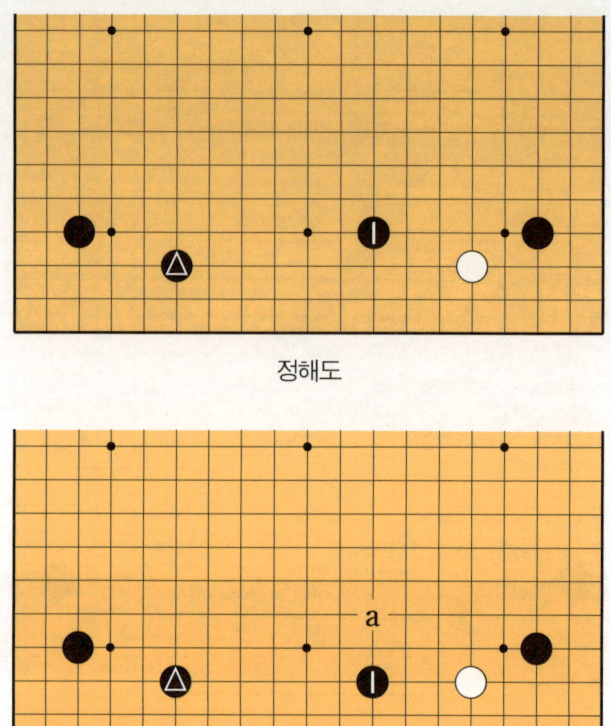

정해도

1도

정해

▶ 흑의 ●가 제3선인 낮은 모습에 주의한다. 그래서 흑1의 높은 협공이 적절. 포석에서의 밸런스 감각이다.

이런 관계는 언제나 필연은 아니지만 대개의 경우에 통용되는 사고 방식이다.

1도 흑1의 협공은 ●와 더불어 낮은 위치의 중복으로 되어 있다. 80점.

백a의 곳 등 위쪽으로부터 압박받을 것이 뻔하다.

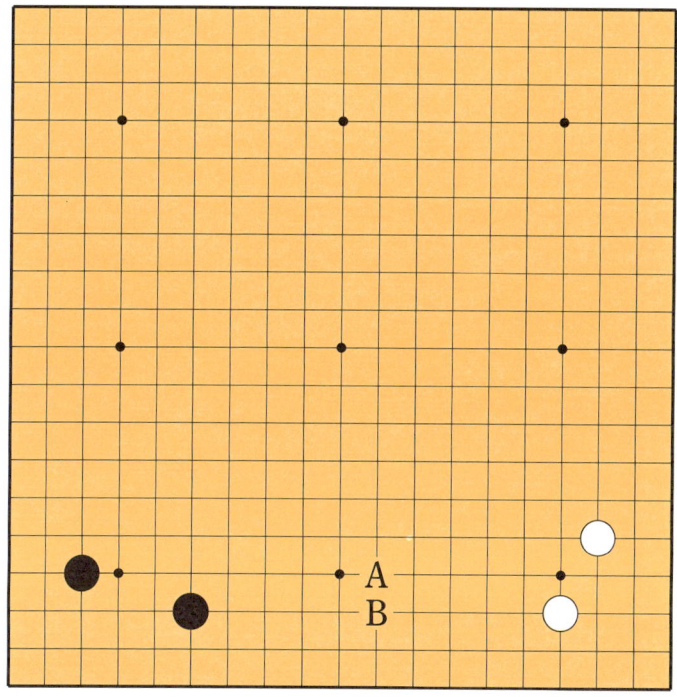

문제도

"바둑은 조화이다"는 어느 유단자의 말이지만, 균형의 사고 방식도 그 말에 있다.

흑은 하변의 큰 곳에 전개하려 하는데, 높은 A의 곳인가 낮은 B의 곳인가, 어느 쪽이 알맞을까?

좌하의 굳힘에 주의하여 판단해 주기 바란다.

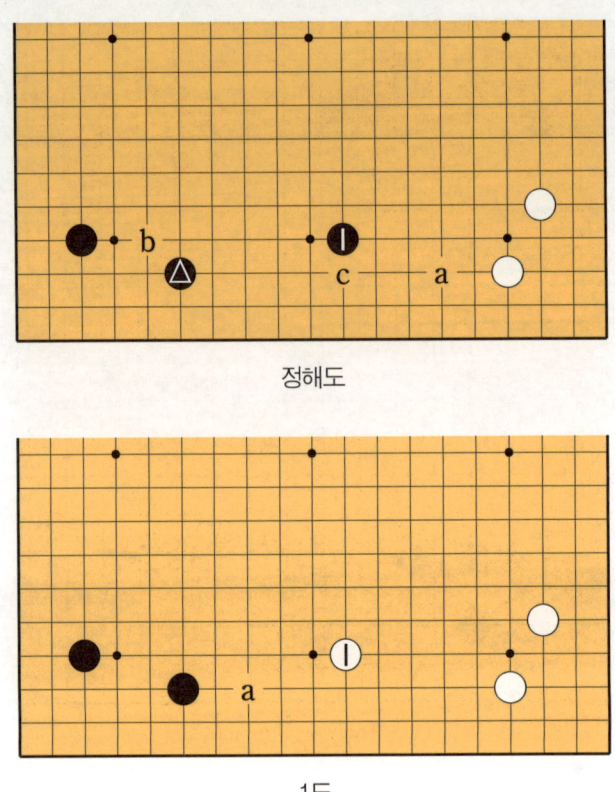

정해도

1도

정해

▶ 큰 곳을 선정할 경우도 협공의 경우와 같은 판단에 서서 생각해야 한다. 즉 ❹의 굳힘이 낮으므로 벌림은 제4선의 높은 게 바람직하다는 발상이다.

다음번 큰 곳으로서 a의 다가섬을 보는 요령이다. 굳힘이 높은 b의 한 칸이라면 당연하지만 낮은 흑c가 정수.

1도　백이 먼저 둔다 해도 1부터 둔 다음 a의 곳을 보는 게 정수.

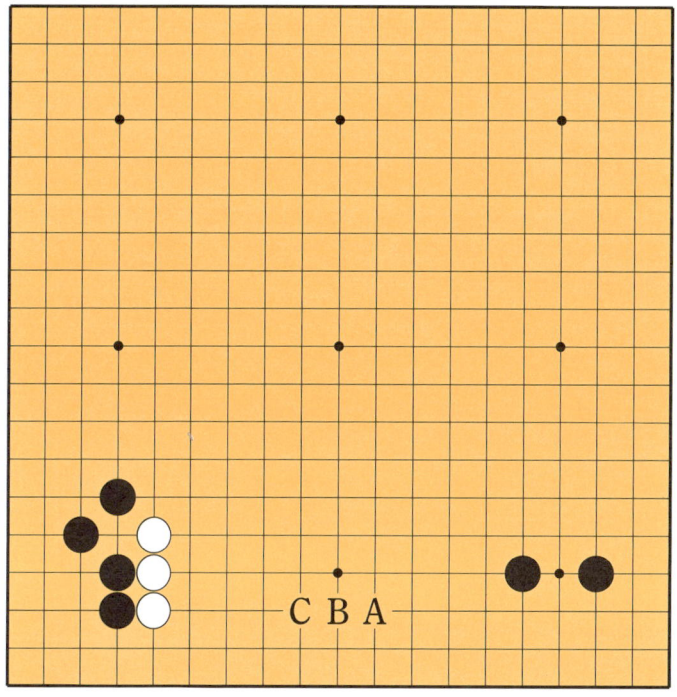

문제도

　좌하귀는 '외목 정석'의 진행. 백은 세 수로 '삼립(三立)'한 뒤 손을 빼고 다른 곳으로 갔다. 백이 하변의 벌림을 게을리했기 때문에 흑이 공격할 차례인데, A, B, C의 곳 가운데 어느 곳까지 육박하는 게 이치에 맞을까?

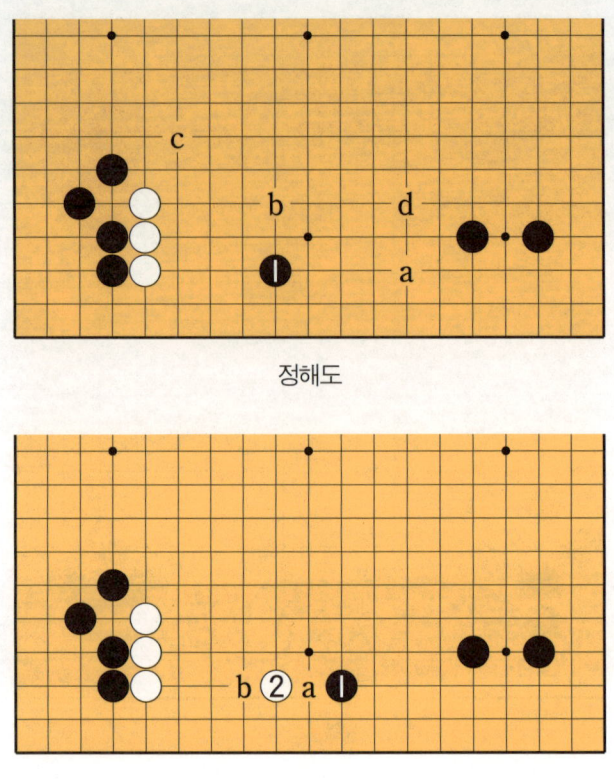

정해도

1도

정해

▶ 변에 있어서 쌍방이 대치하는 지역의 중앙은 큰 곳이다. 흑1의 다가서는 한 수는 형세를 리드하는 큰 곳으로서, 이런 급소까지 육박하지 않으면 상대에게 위협을 줄 수 없다.

만일 백이 a에 뛰어들면, 흑은 b에 뛰어 c의 곳과 d의 곳 씌움을 노림수로 한다.

1도 흑1로 순하게 두는 것은 집짓기에 지나지 않으며 백2를 허용하여 60점. 흑a도 백b의 여지가 있어 불만, 70점이다.

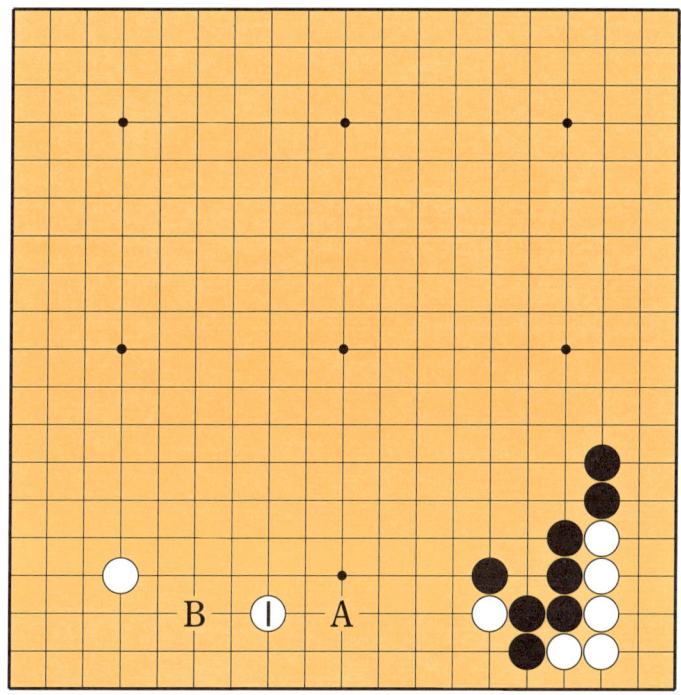

문제도

　우하의 흑은 강력한 태세를 하고 있어, 위기십결(圍棋十訣)에서 말하는 '강한 돌 근처에서 놀지 마라'라는 마음가짐이 중요하다.

　그것을 염두에 둔다면 백1의 벌림은 알맞을까? 그리고 이에 대해 흑은 A, B의 어느 쪽을 선택하는 게 옳을까?

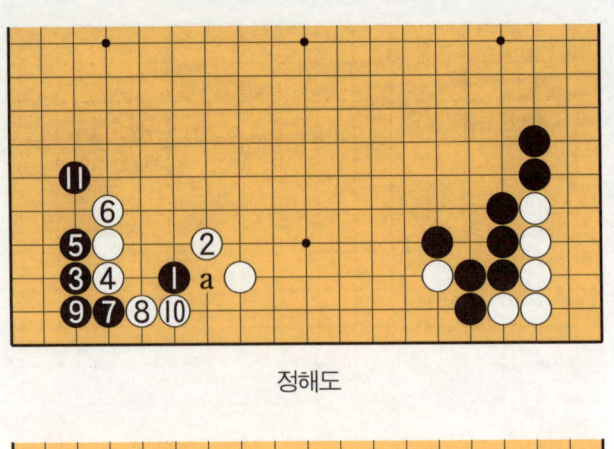

정해도

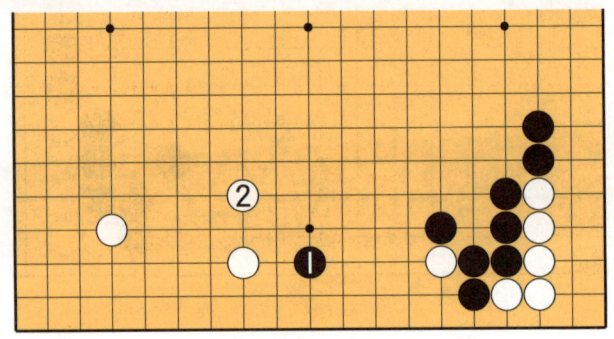

1도

정해

▶ 백은 한 칸 지나치게 벌렸다. 흑의 세력을 고려하여 a로 참아 두는 것이 정답.

흑은 백의 약점을 찔러 1에 뛰어드는 것이 기백이다. 백2로 마늘 모하면, 흑3으로 귀에 들어가서 알기 쉬운 바꿔치기를 한다.

1도 흑1의 다가섬은 백2로 뛰게 된다. 언뜻 보아도 백의 자세는 바람직한 반면, 흑은 우측의 세력을 제대로 활용하지 못하고 있다. 70점.

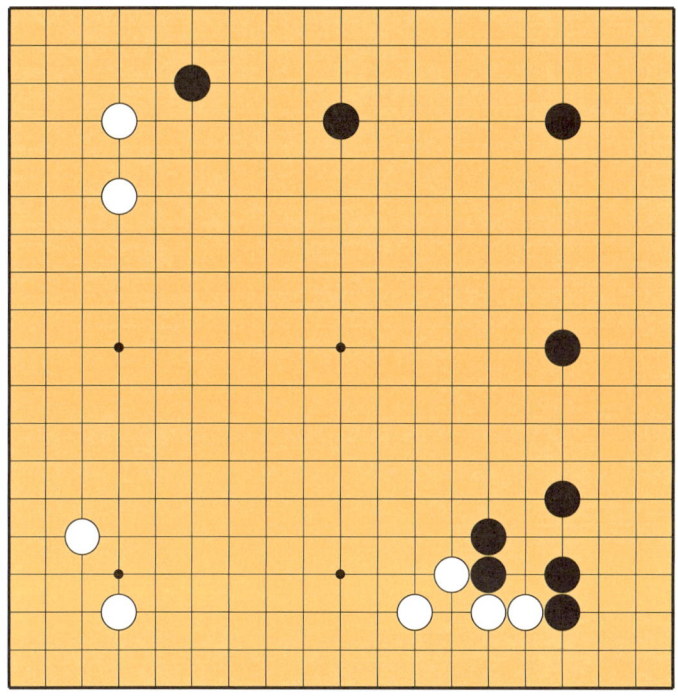

문제도

포석은 국면 구성에 따라 큰 곳이 몇 군데나 생기는 일이 있지만, 승패의 갈림길은 어디까지나 한 곳뿐이다. 그런 곳에 먼저 가는 것이 포석의 포인트.

흔히 생기는 구도인데, 쌍방 형태상의 필쟁점(必爭點)은 과연 어디일까?

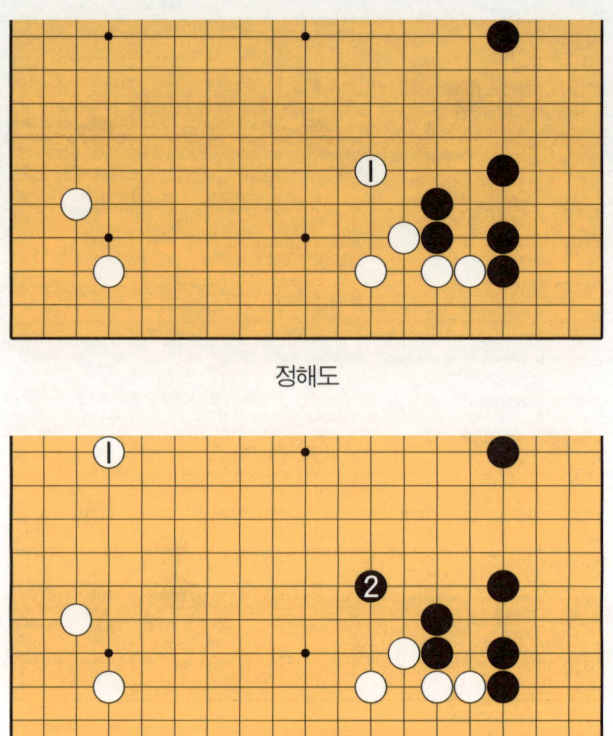

정해도

1도

정해

▶ 포석에선 세력을 서로 펼치는 케이스가 자주 생긴다. 그때 주의할 사항은 상호간의 모양이 맞서고 있는 장소에 급소가 있다는 점이다.

우변과 하변의 큰 모양 대결에 있어서, 백1의 날일자가 세력 확장의 급소이다.

1도 백1로 좌변의 큰 곳을 차지하는 것은 70점이다. 흑2의 급소를 빼앗긴다면 천지의 차이, 백의 세력 구상은 무너진다.

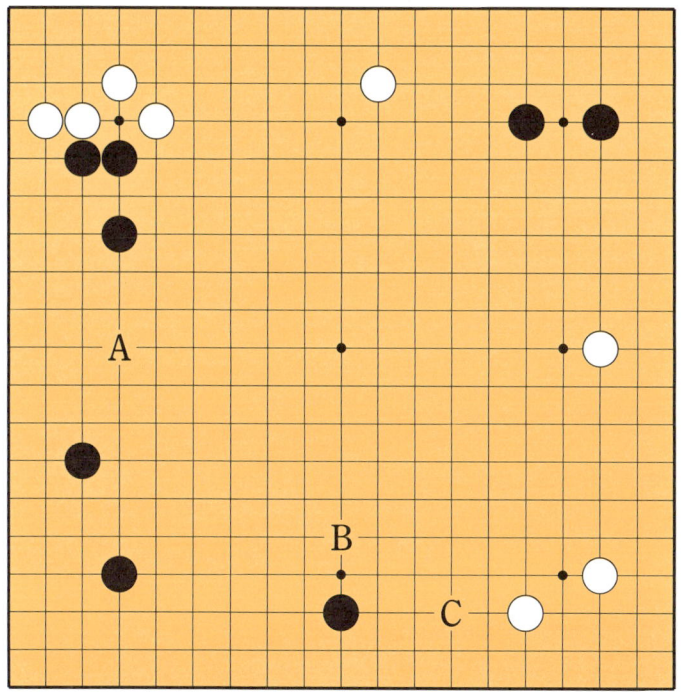

문제도

　좌변에는 백으로부터 A의 곳에 뛰어듦이 있지만, 당면한 초점은 하변의 흑 모양을 둘러싼 공방전이다.
　흑의 착점은 B의 곳으로 뜀, 또는 C의 곳으로 다가섬의 어느 쪽일까? 흑의 착점에 대한 백의 대응도 생각해 주기 바란다.

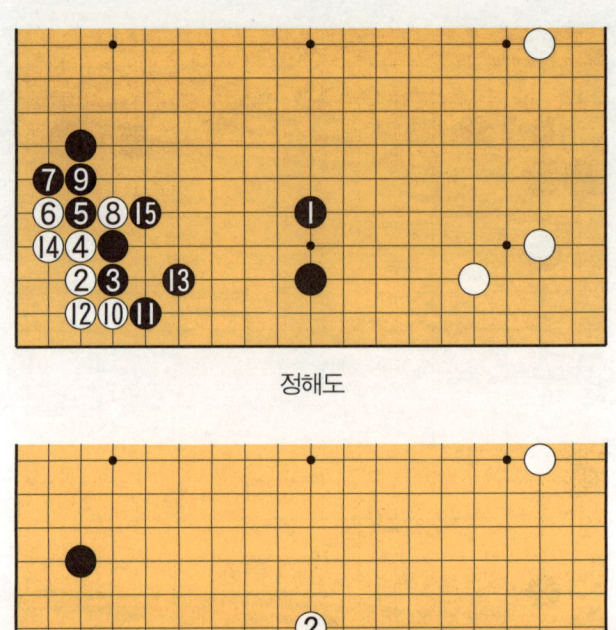

정해도

1도

정해

▶ 흑1의 뜀이 바른 착상이다. 백은 맞보기의 원리로서 2로 3·三에 들어가는데, 흑3으로 눌러서 충분하다.

흑15까지로 귀를 살려 주어도 흑의 세력은 입체 구성이라 전체를 압도한다.

1도 흑1의 착상은 평면적이라 실패, 80점이다. 백2의 모자가 좋은 수로서 흑3일 때 백4이다. 흑1로 a의 굳힘도 백2가 적중되어 80점.

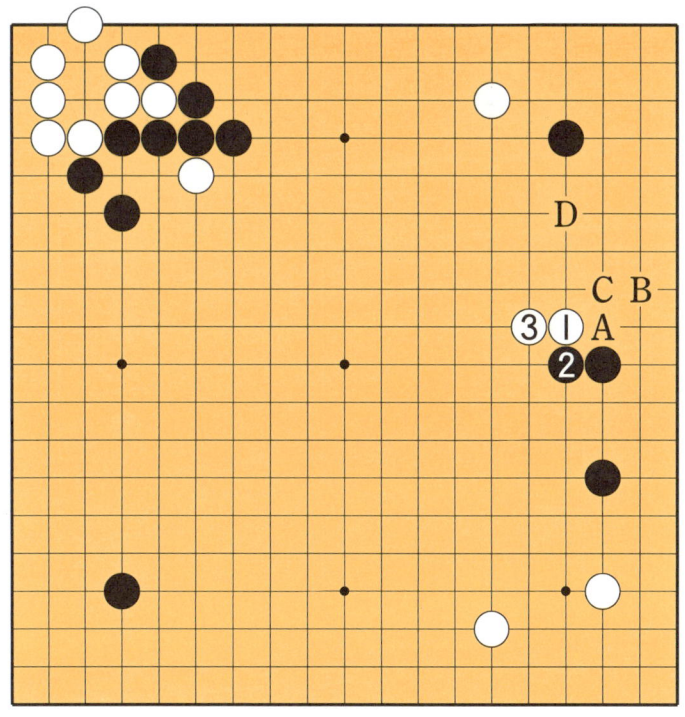

문제도

'두 점 접바둑'이다. 바둑은 돌의 능률을 다투는 게임이므로 돌의 신중한 선택에 따라 그 착수의 좋고 나쁨이 관계된다. 별 이상할 것도 없는 백1, 3의 삭감에 날카로운 대응이 요구되는 국면이다.

A, B, C, D의 네 곳으로부터 선정해 주기 바란다.

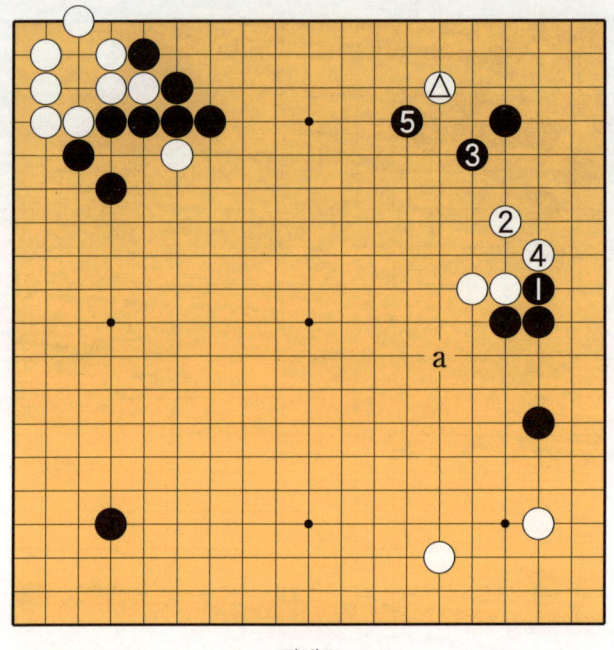

정해도

정해

▶ 백의 목적은 흑의 응수에 따라 교묘히 변화하겠다는 데 있지만, 흑쪽은 백의 허리가 늘어져 있는 것을 어떻게 찌르는가 하는 게 포인트이다.

그래서 흑1로 꼬부려 두는 게 이 모양에서 대처하는 제일의 호수이다. 백2는 당연한 받음. 그때 흑3으로 마늘모하여 백을 둘로 갈라 놓는 게 주목적인 작전이다. 백도 부득이 4의 누름이 되겠지만, 흑5로 씌워 공격하는 것이 요령.

흑은 상변의 △와 흑a의 날일자로 백 넉 점의 공격을 노릴 수 있어서 백의 고전은 명백하다.

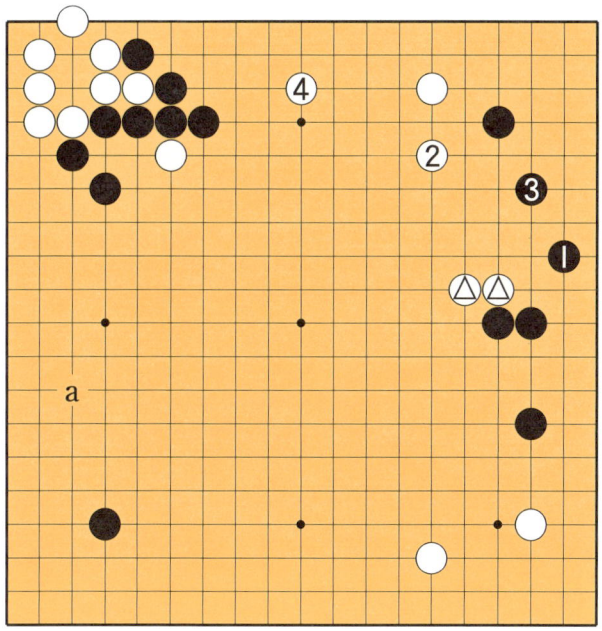

1도

1도 (실패) 가장 많이 두어지는 수는 흑1의 미끄러짐인데, 이 국면에선 느슨한 느낌이 들어 80점의 착상이다.

백2의 한 칸 뜀이 다음에 3의 걸침을 노리고 있어 딱 어울린다. 백4로 벌리는 수순이 되어 백의 자연스런 구성은 성공이다.

곁들여 백4로서는 a의 갈라치기도 한 방법이겠지만, 어쨌든 이 포석은 △의 삭감이 효과를 발휘하고 있다.

평범하게 흑1을 선택한 사람이 많으리라 생각되지만, **정해도**와 비교하면 그 차이는 명백하여 제1 착수가 국면의 흐름을 크게 좌우한다는 것을 알 수 있다.

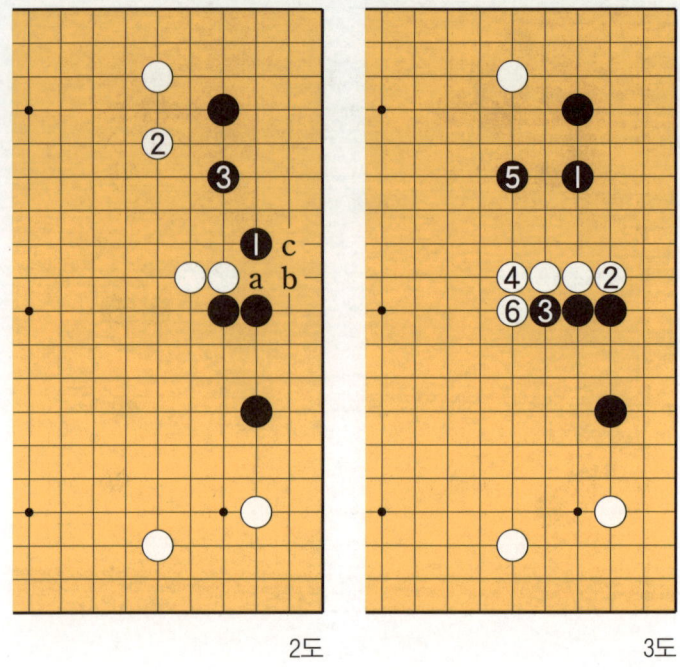

2도   3도

2도 (실패) 흑1의 한 칸 뜀은 엉뚱한 것으로서 두어선 안 된다. 50
점. 백2, 흑3이 된 다음 백으로부터 a로 나와 흑b일 때 백c로 끊기는
'맥'이 있어, 이 귀에서 갖가지의 수단이 생기기 때문이다.

3도 (실패) 흑1의 한 칸 뜀도 악수로서 50점이다. 백2의 누름이
매서운 수로서 흑3엔 백4가 유력해진다.
　흑5로 뛰어 나갔을 때 백6으로 꼬부림으로써 흑의 모습은 답답하
다. 정해도와 비교하면 공수(攻守)가 역전되고 있다.

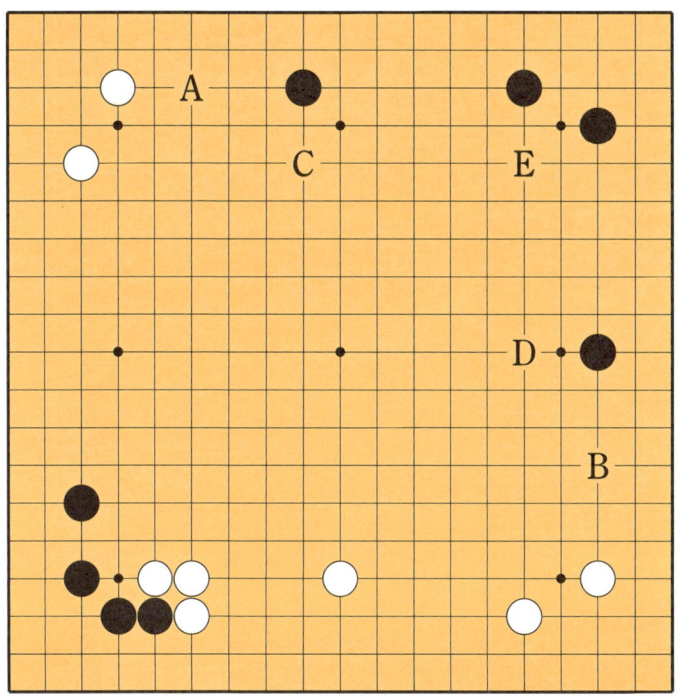

문제도

　모양의 중심은 포석의 중심이랄 수도 있는데, 흑은 우상을 거점삼아 '학익진(학의 날개 모양)'을 펼치고 있는 게 초점이다.
　여기선 모양을 완성하는 찬스인데, 이 한 수라 할 큰 곳이 있다. A, B, C, D, E의 가운데 골라 보면?

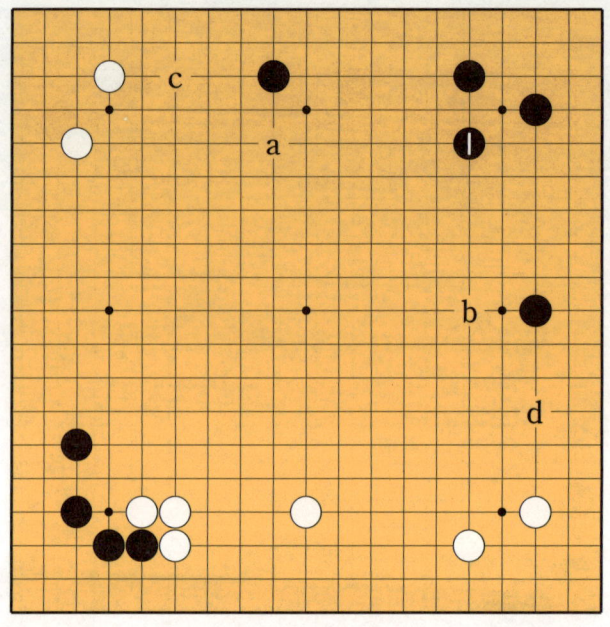

정해도

정해

▶ 날일자 굳힘으로부터 좌우로 양날개를 펼친 우상귀의 모양을 가장 효과적으로 키우는 게 초점. 그러자면 흑1의 뜀이 중심점으로서, 이 한 수로 집 모양이 완성된다.

날일자 굳힘은 견고하여 실리를 확보하고는 있다. 하지만 중앙 방면에 대한 발전성이 적다는 게 약점이다.

그런 의미에서 흑1을 둠으로써 모양의 구조가 완전해진다. 흑 모양을 키우는 수로서는 a, b 등도 눈에 띄지만 그것은 급소라 할 수 없다. 흑c나 d의 벌림은 평면적.

84

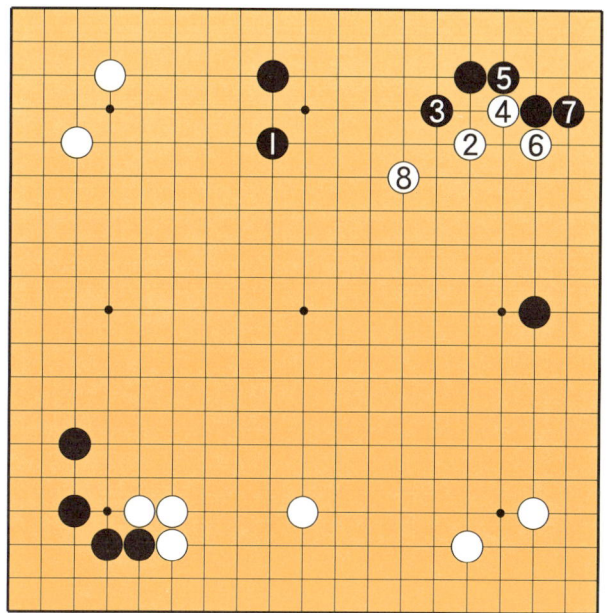

1도

1도 (실패) 흑1로 상변을 키우는 발상은 작전의 실패로서 70점이다.

'적의 급소는 나의 급소'이다. 백2의 일격으로 모양은 사라진다.

흑3에는 백4 이하 8까지 상변을 삭감하는 기분으로서 목적을 달성했다.

참고도 흑1, 3으로 나와 끊어주면 석 점을 버리고서도 백이 성공한 모습이다.

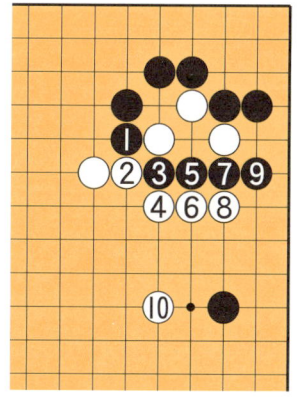

참고도

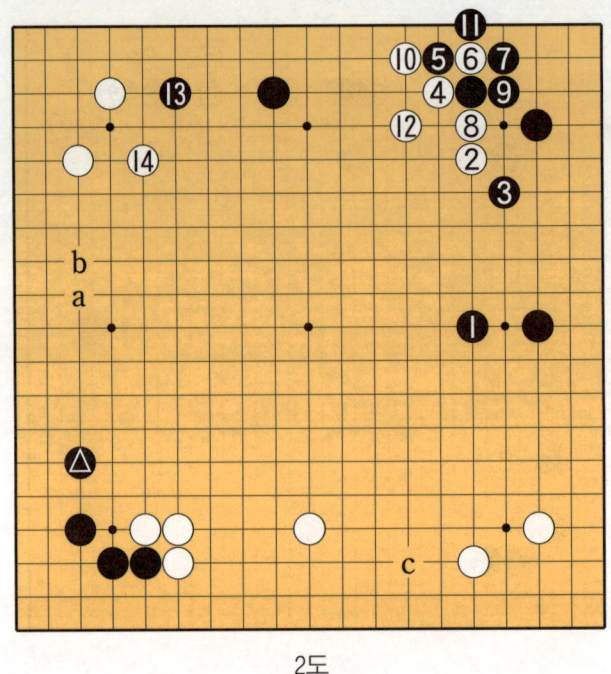

2도

2도 (실패) 앞 그림과 같은 발상으로서 흑1로 우변을 키우는 것도
잘못이며 70점이다.

역시 백2가 절호의 맥점. 흑3이라면 백4에 붙이는 것이 요령. 즉
백2는 우변과 상변의 어느 쪽엔가 파고드는 수단을 맞보기로 하고
있는 게 자랑이다.

다음 흑5 이하 12까지는 정석으로, 백의 성공은 분명하다.

정해도와 비교하면 모양의 중심이 얼마나 중요한 것인지를 이해했
으리라 생각한다. 그리고 흑1로써 a, b 방면으로 벌리는 것은 ⬤가
낮기 때문에 마음이 내키지 않으며, 흑c의 뛰어듦도 시기 상조이다.

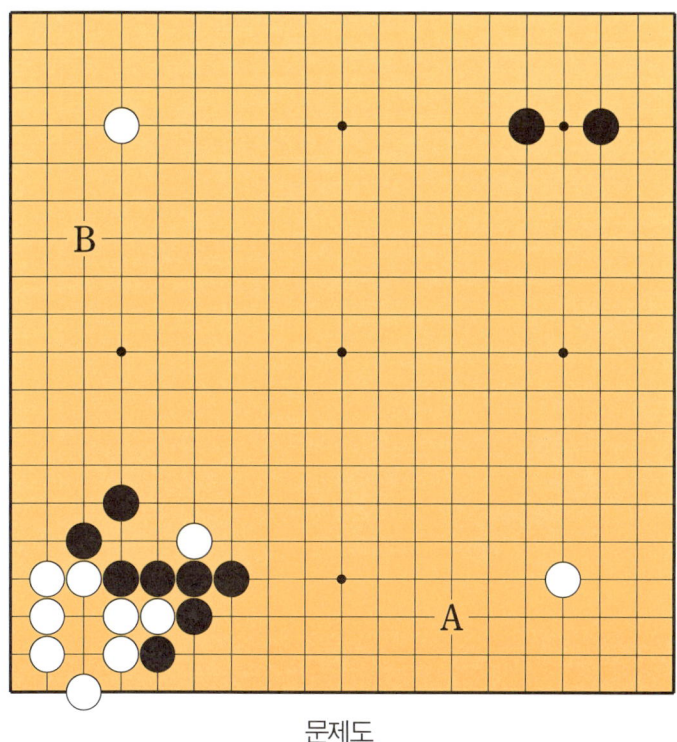

문제도

좌하의 정석은 흑의 두터움이 위력을 나타내고 있다.

백부터 둘 경우에 A, B의 어느 쪽을 먼저 두어야 할까? 비슷하게 보이는 모습이지만, 한 쪽의 조건은 뒷문이 열려 있어 그 가치에 차이가 있다.

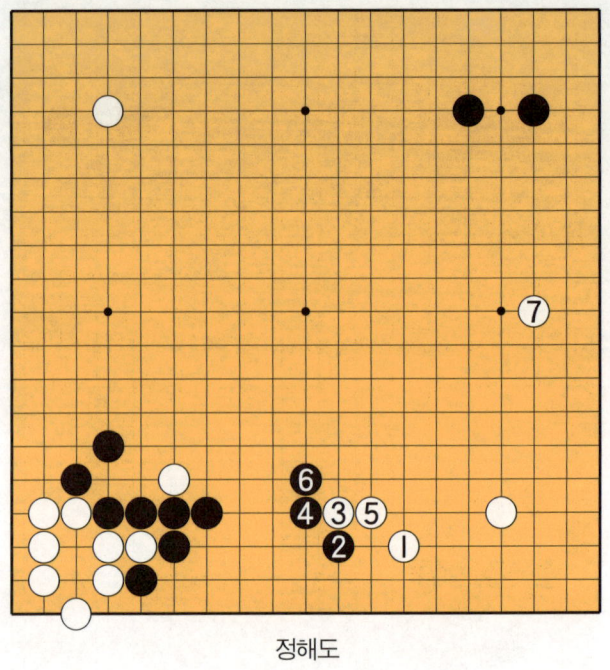

정해도

정해

▶ 먼저 하변부터라는 포석 판단이 옳으며, 그렇다면 백1의 눈목 자가 중용을 갖춘 착점으로서 선정되는 순서여야 한다. 이 하변은 좌상에 비해 훨씬 가치가 크다고 명심해 주기 바란다.

요컨대 흑이 두어도 효과적인 하변은 백부터 두어도 그럴 게 틀림없는 것이어서, 이런 관계는 뒷문 열린 허점에만 국한되지 않고 바둑의 모든 면에 통하는 사고 방식이다. 가령 흑2에 다가서면, 백3, 5로 '붙여늘어' 흑 모양을 제한한 다음 백7로 벌려 오히려 우하 방면의 백 모양을 자랑한다는 요령이다.

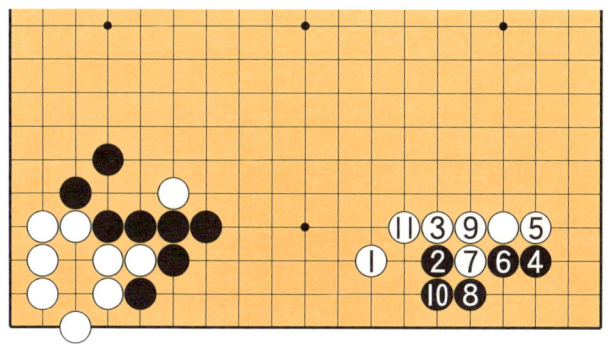

1도

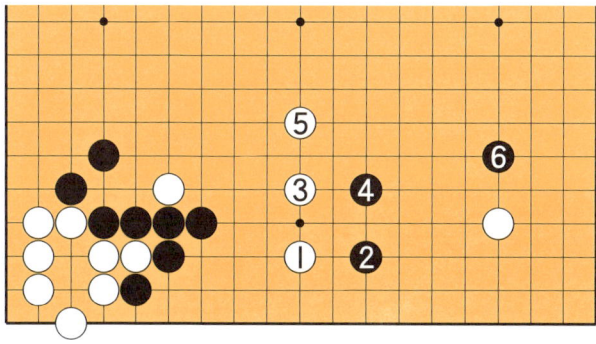

2도

1도 (참고) 흑 모양의 확대를 방해하려고 백1까지 나아가고도 싶지만, 흑2로 뛰어들므로 60점이다. 백3일 때 흑4의 3·三으로 바꿔치기하는 수단이 생긴다.

2도 (참고) '강한 돌 근처에는 가지 마라'는 격언을 어기고 백1로 가까이 가는 것은 흑2로 협공을 받으므로 50점이다.

백5까지로 흑의 두터움은 삭감할 수 있어도 흑6으로 귀의 백이 엷어지므로 실패.

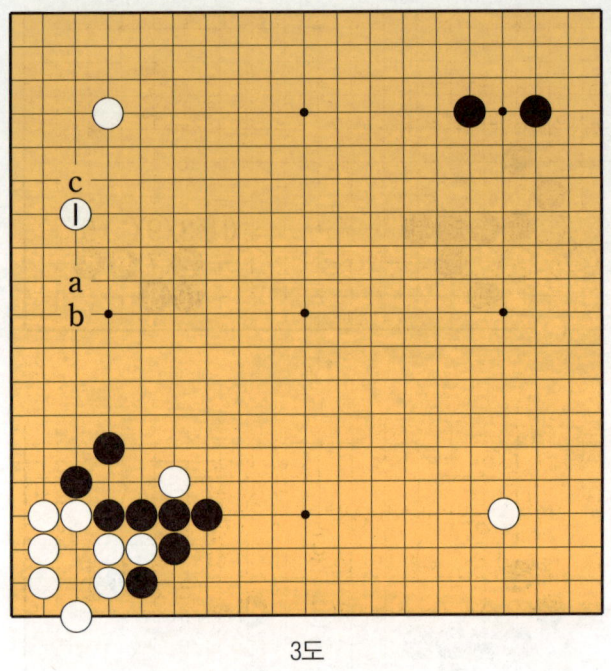

3도

3도 (참고) 포석에서 뒷문이 열려 있는 쪽을 지향하는 발상은 2차
적인 것임을 명심하기 바란다. 그런 의미로 백1의 방향은 하변에 비
하면 뒤져 있어서 80점이다.

이 벌림은 뒷문이 열려 있는 흑을 도와 준 꼴이다. 즉 백1 자체로
는 절대로 불리한 수는 아니지만, 이치로 말할 때 바람직하지 않는
것이다.

그리고 백1로써 a 또는 b의 곳으로 넓게 벌리는 것은 흑c의 뛰어
듦을 각오해야 하며, 흑의 두터움이 활동하게 된다. 이쪽에서 둔다면
그나마 백1이 침착한 착점이다.

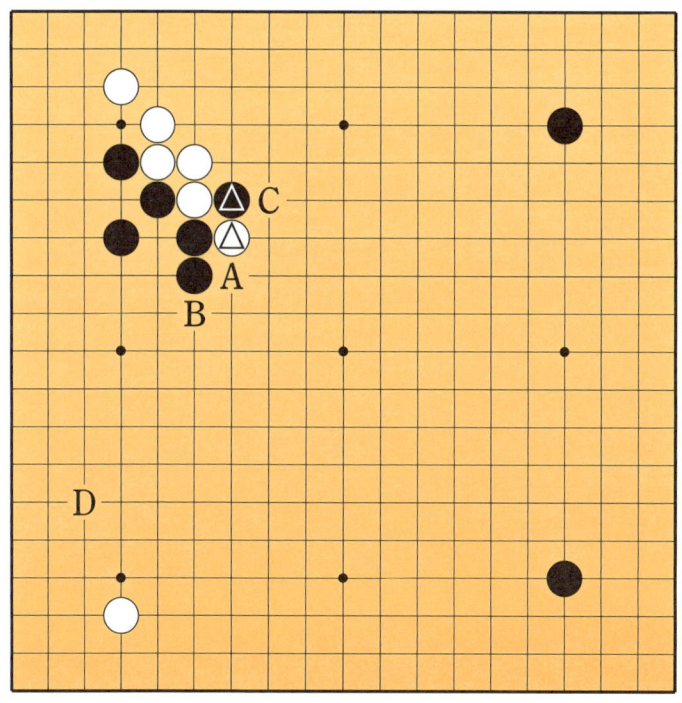

문제도

좌상귀에 '한 칸 높은 걸침 정석'이 생겼는데, 이 정석은 서로 끊고 있는 ●와 △를 어느 쪽이 잡느냐에 따라 전혀 다른 바둑이 된다.

백은 A, 흑B, 백C의 수순을 택하든지, 아니면 단지 백D의 굳힘을 택하든지, 어느 쪽이 급할까?

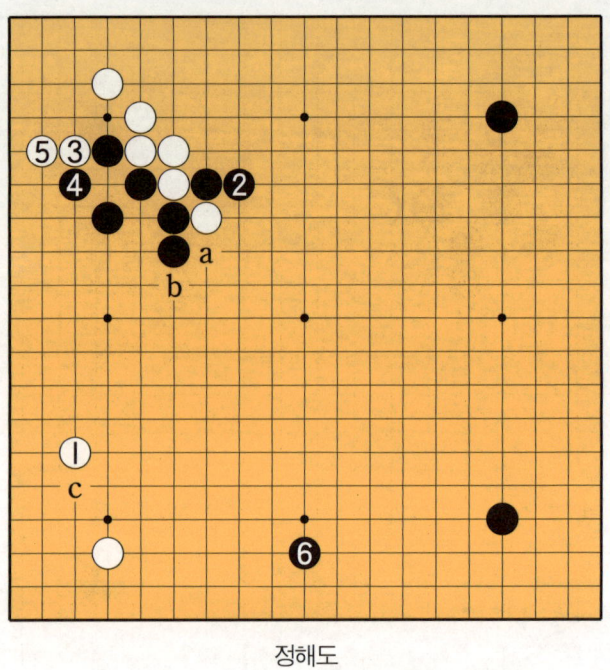

정해도

정해

▶ 포석은 어느 한 부분에 얽매이면 대세에 뒤진다. 그런 의미로 서 백1의 굳힘이 흑의 발전 방향을 저지하므로 적절하다.

백1로써 a의 곳에 두고 흑b, 백2의 정석을 따르면 흑c의 걸침이 절호점이 된다. 흑의 주문을 거절한 백1이 돋보인다. 흑2는 당연한데 두터운 수로서 우변의 2연성과 일맥상통한다. 다음 백3, 5로 근거를 확실히 해두는 일이 중요하다.

포석은 보통 '난해한 것', '고급이라 근접하기 힘든 것'으로 여겨지 고 있지만 한 걸음, 한 걸음 올라가면 쉬워진다.

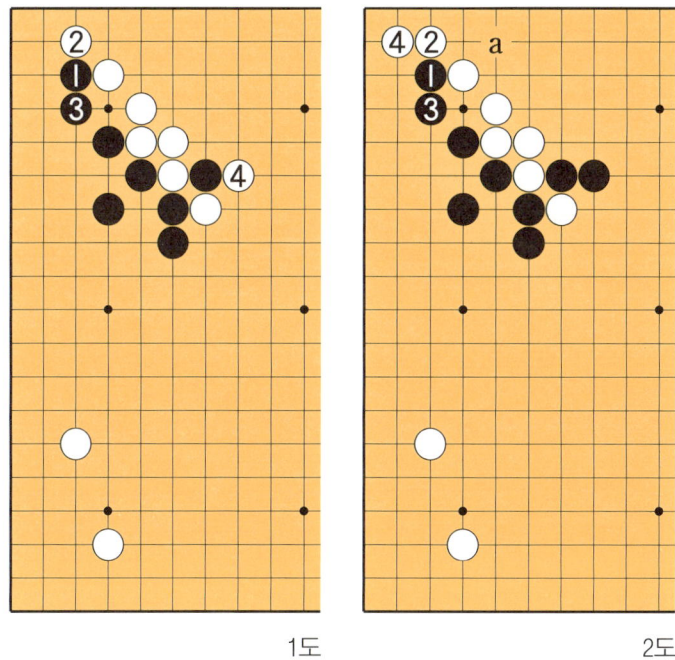

1도   2도

1도 (실패) 흑은 정해도의 2로 중앙을 중시하여 두든가, 이 그림의 1로 두어 실리를 택하든가 하는 것이 맞보기로 되어 있다.

그러나 이 포석에선 백4의 '축'으로 잡는 수순이 되어 상변의 백이 강한 돌이 되므로 문제. 이런 포석에서 귀보다 중앙을 소중히 하는 사고 방식이 우선이다.

2도 (실패) 정해도의 백3, 5로 귀를 지키는 것은 아주 큰 수. 만일 손뺌하면 즉시 흑1, 3으로 붙이고 늘어 두는 것이 매섭기만 하다. 백4에 두면 흑a의 노림수가 있고, 4로 백a의 곳이라면 밑지는 장사가 된다.

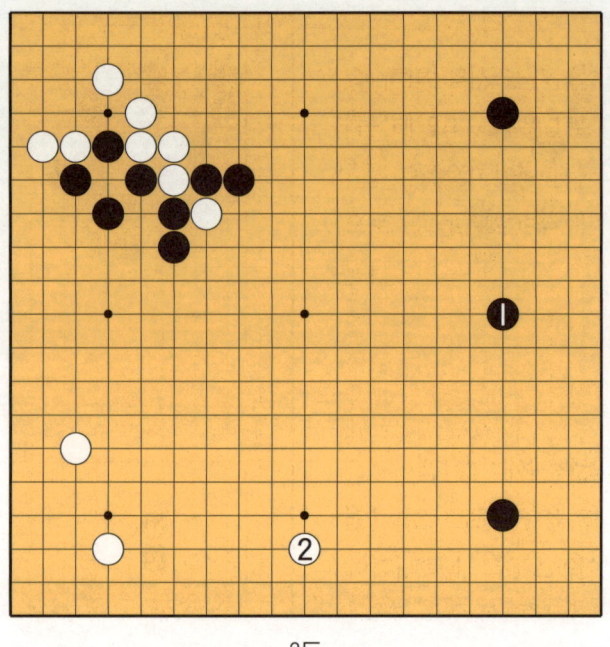

3도

3도 (실패) 우선 귀를 점령하고 다음은 변 차례가 되기 마련인데, 변은 화점이나 화점 아래 부근이 큰 곳이 된다. 화점 아래 부근이라 해도 각종 굳힘과의 관계상 네 변에 있는 큰 곳을 어떤 우선 순위로 결정하느냐 하는 판단이 중요하다.

흑1로 3연성을 포진하는 것도 눈에 띄는 좋은 곳이지만, 그러면 백 2로 하변의 필쟁점을 빼앗겨 실패이다.

이 구도는 좌하의 '눈목자 굳힘'과 더불어 백의 이상형이 완성된다. 즉 쌍방에 있어서 국면의 최대값인 하변을 선점(先占)하는 일은 이중의 가치가 있으며, 따라서 흑1은 80점.

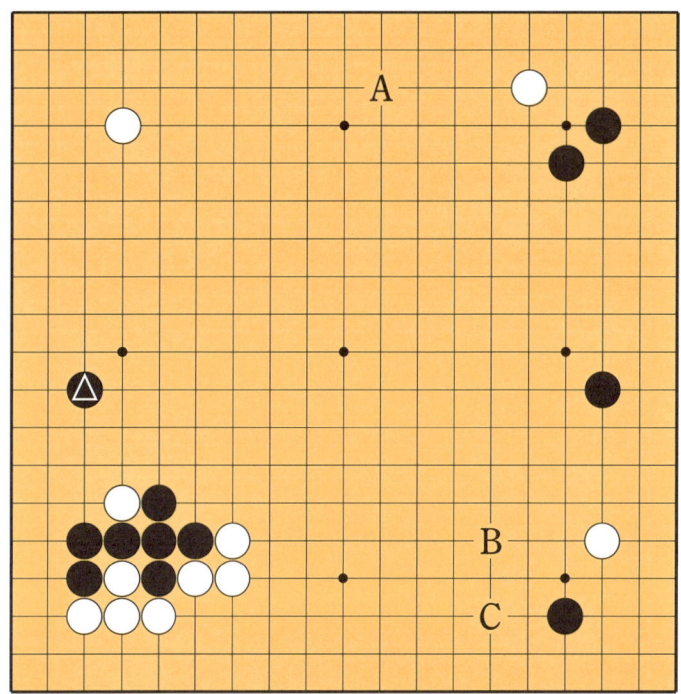

문제도

흑1, 3, 5의 슈사쿠 식(秀策式)으로 스타트한 국면이다.

좌하귀의 '대사 정석'은 ●의 벌림으로 일단락되었다. 백의 다음 수가 초반전의 갈림길이 되는데, 상변 A의 곳으로 벌릴 것인가, B의 곳으로 한 점을 움직일 것인가, C의 협공인가? 최선의 착점은 어디일까?

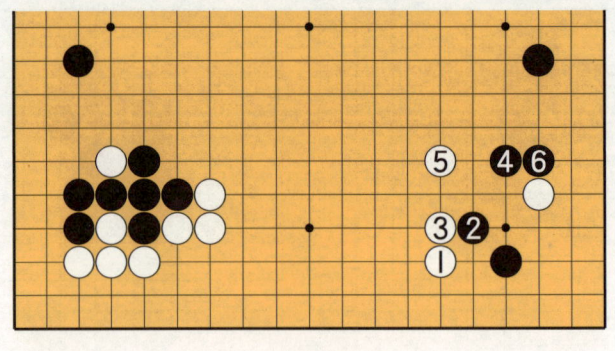

정해도 1

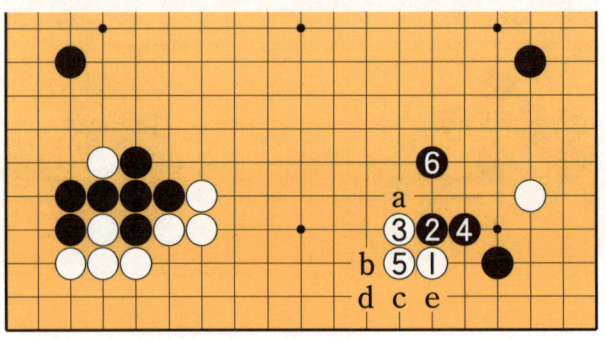

1도

정해 1

▶ 백1의 협공으로 두는 게 옳으며, 이것으로 좌하귀에 둔 대사 정석은 완결된다고 하겠다. 백5까지 하변을 부풀린 다음 상변의 벌림을 먼저 둔다는 구상이다.

1도 (변화) 백1에 대해 흑2, 4라면 백5로 이어서 하변을 굳히는 구상이다.

백5로써 a의 곳은 흑5, 백b, 흑c, 백d, 흑e로 한 점을 버리게 된다.

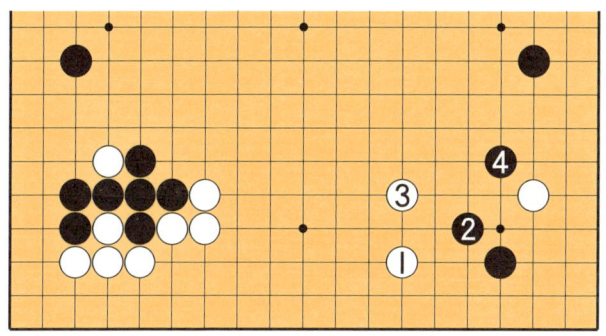

정해도 2

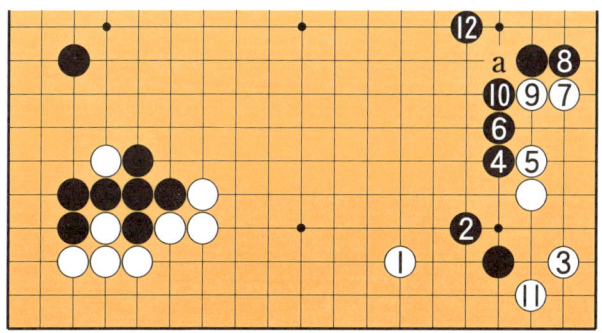

2도

정해 2

▶ 포석의 테크닉은 정석 활용의 여부에 달려 있다. 그런 의미에서 백1의 두 칸으로 역협공하는 것도 한 방법인데, 흑2라면 백3의 뜀으로써 하변의 웅장함을 꾀하는 설계가 살아난다.

2도 (변화) 흑2에 대해 백3으로 변화하는 것도 유력하다. 백은 11로 산 다음 건너감은 보류해 두며, 흑은 a의 곳 단점을 보완하여 12까지. 서로 불만이 없는 형태이다.

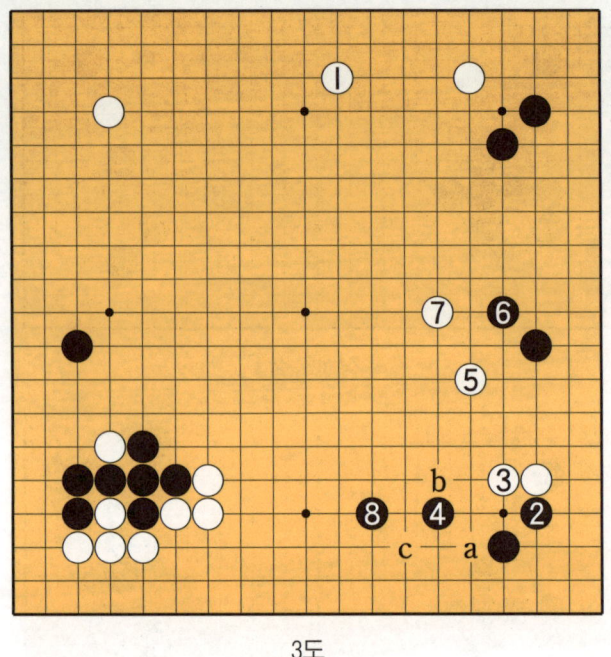

3도

3도 (실패) 상변 백1의 벌림은 호점이지만 하변의 요점만은 못한
다. 국면의 초점이 애매해져, 이 착상은 60점이다.

당연하지만 흑2로 초점이 옮겨져 공수 역전. 공격하는 기세만큼 하
변은 자연스레 흑집으로 바뀐다. 흑8은 백a의 건너붙이는 수를 예방
한 것이다.

백1로써 b의 두 칸은 무책으로서 실패, 50점이다. 흑c로 응수하면
좌하의 정석이 죽는다.

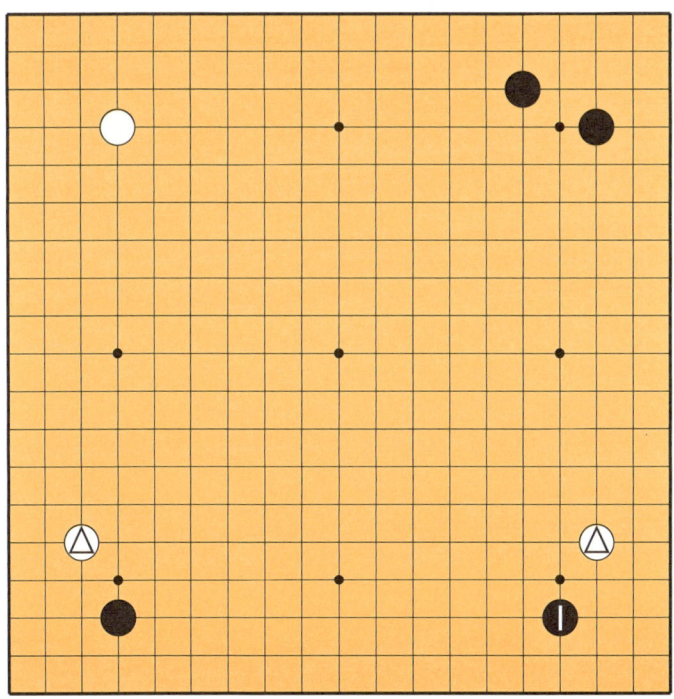

문제도

'외목'은 덫과 함정을 내포한 전략적인 수법인데, 이와 같은 포석에서 ⬆로 대치한 모습이 수상쩍은 것이다.

흑1로 걸쳐선 안 된다는 게 이런 태세에서의 상식이지만, 그 이유를 들어 보기 바란다.

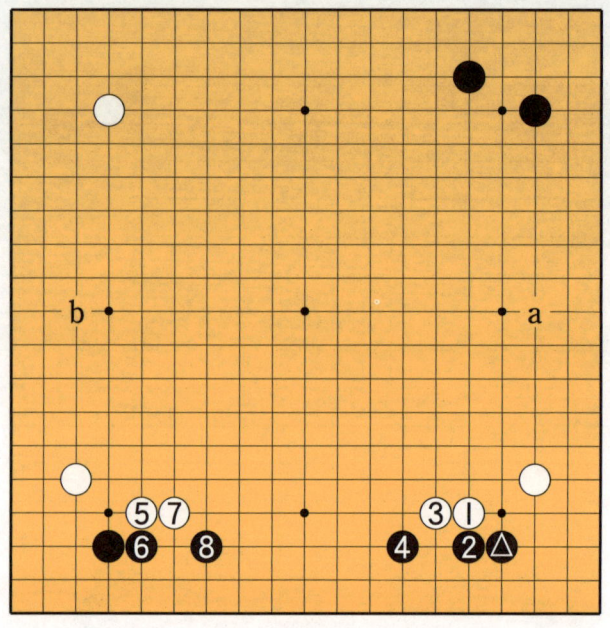

정해도

정해

　▶ 하변의 배치에서 유의할 것은 백이 좌우의 외목으로 포진하여 흑의 걸침을 제약하고 있다는 점이다.

　이런 이유로서 백의 굳힘을 방해한 흑●는, 방해했다는 그 커다란 효과가 상쇄될 만큼의 불리를 안게 된다. 즉 백1, 3으로 씌우는 것이지만, 여기까지는 극히 보통의 응접. 그런데 백5 이하로 똑같이 씌웠을 때 국면의 사정은 일변한다.

　백은 a, b의 전개를 보며 여유만만인데, 흑의 모습은 낮은 돌이 겹쳐 있어 중복된 모양이다.

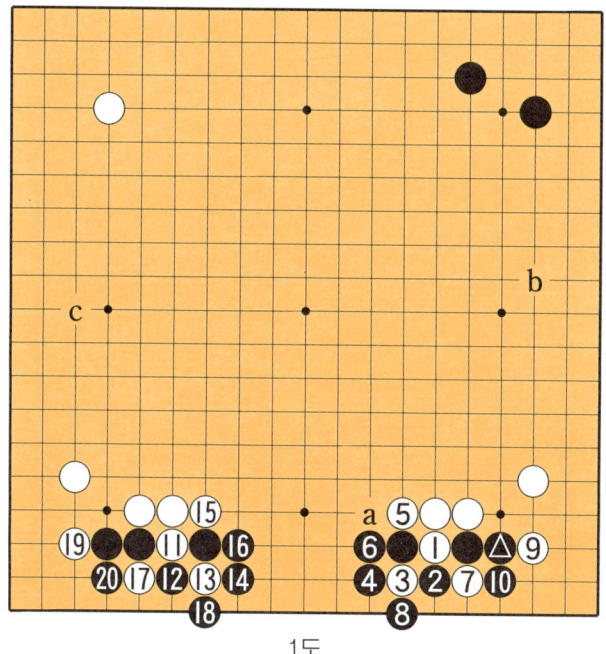

1도

1도 (참고) 앞 그림을 더욱 구체화시킨 모양이다. 하변의 흑에 대해 백은 1 이하의 권리를 약속받고 있다. 그러면 '좌우동형'으로서 흑 20까지는 외길인데, 이는 중복형의 극단적인 예로서 늘 인용되고 있으므로 꼭 알아 두자.

그리고 백1로선 단순히 5로 밀고 흑6, 백a. 또 좌측도 마찬가지로 15로 밀며 두는 작전에서도 흑의 낮은 위치와 중복은 명백하다.

백의 바깥 둘레 모습은 한껏 활동적이며 b, c의 벌림이 훌륭한 호점이 된다. ●의 걸침이 나쁜 이유이다.

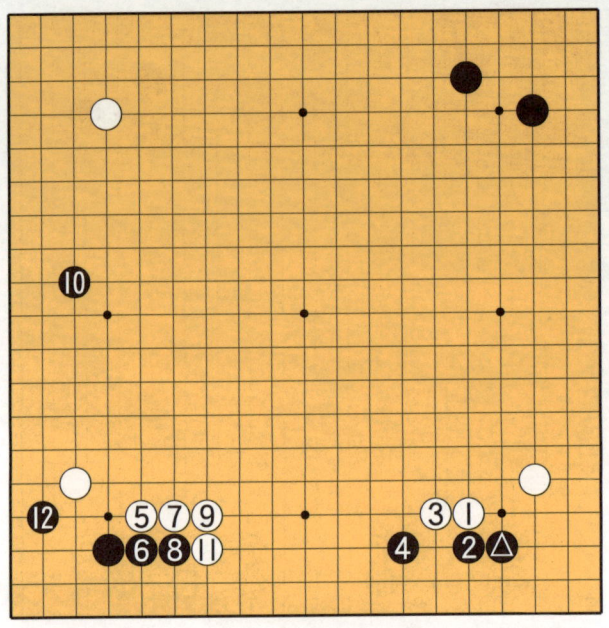

2도

2도 (참고) 앞 그림을 보고 흑은 하변에서 20집 상당의 집이 생겼
다고 기뻐한다면, 당신의 포석 감각은 엉망이다. 흑의 걸침은 '포석의
상식'을 어겼기 때문에 완전히 실패했다고 명심해 주기 바란다.

△로 어차피 걸친 이상은 다음 응수에 대해 생각을 하는 게 바둑
이 갖는 묘미이다.

백5일 때 흑6, 8로 계속해서 '기고', 백9를 기다렸다가 흑10으로 좌
변에서 갈라치기를 하는 게 바른 생각이다. 백11로 막히더라도 흑4
로 머리를 내밀고 있는 데다가 무엇보다도 백의 세력 안에서 흑10은
돋보인다. 이 수순이면 백의 세력 일색에서 벗어날 수는 있다.

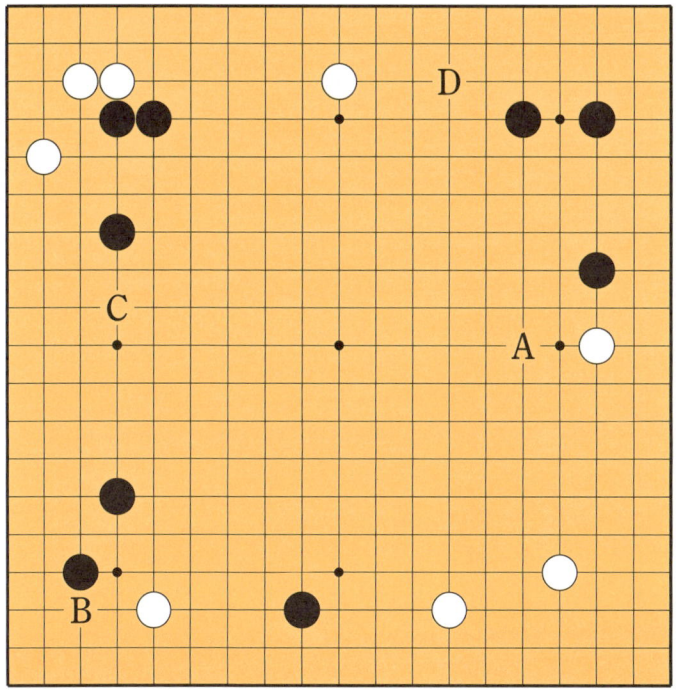

문제도

테스트 18 실전 ▶ 백선

넓은 국면이라 갖가지로 착상이 떠오른다. A, B, C, D라는 가치가 각기 다른 착점이 눈에 띄지만, 최선의 한 수를 골라 주기 바란다.

쌍방의 요점. 이것을 상대에게 두도록 해서는 안 된다 하는 곳을 최우선한다.

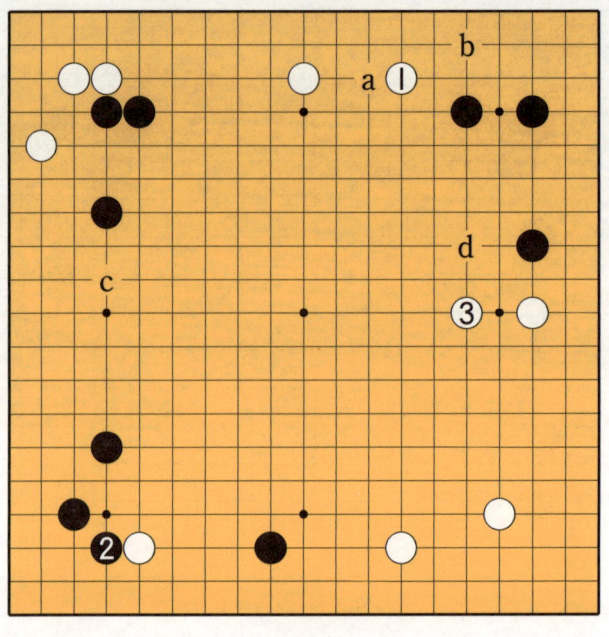

정해도

정해

▶ 바둑은 '적의 급소가 나의 급소'라고 하는 것처럼, 쌍방의 급소
는 상변에 있다. 그런 판단으로 백1로 벌려 다가서는 것이 최고의 착
점이다.

반대로 흑으로부터 a의 곳에 다가서는 차이를 생각하면, 백1의 필
연성은 곧 이해될 것이다. 백은 다음에 b의 곳 날일자를 남기고 있
음도 매력이다.

만일 흑2로 공격해 오면 이곳은 가볍게 보고 백3의 뜀이 1과 관련
되어 유력한 작전이다. 즉 나중에 백은 c의 뛰어듦, d의 꼬부림을 노
림수로 하며 형세를 여유있게 리드하는 느낌.

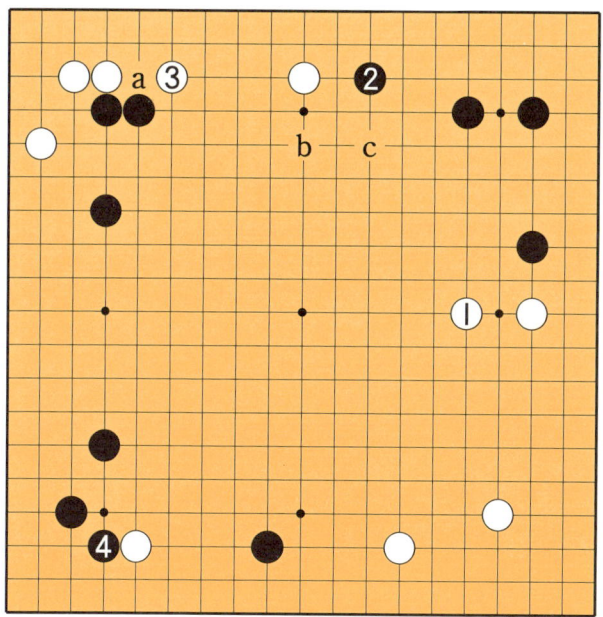

1도

1도 (실패) 백1의 뜀은 우변 확대를 꾀하는 절호점이지만, 상변만은 못하여 80점. 흑2로 바짝 두어 온다면 백의 실패로서, 상변은 무슨 일이 있어도 흑에게 빼앗겨서는 안 될 곳이다.

백은 3으로 뛰어 연결할 수밖에 없지만 자못 맛이 나쁜 모습이다. 백3을 생략하면 흑a의 막음이 매섭고, 다음 백b, 흑c가 되어 우상쪽은 고스란히 흑집이 될 것 같으며, 따라서 백의 형세는 단숨에 기울어진다.

포석의 원칙으로 '한 칸 굳힘에서의 양날개는 벌리게 하지 마라'라고 하는 말처럼, 백은 2의 곳을 흑에게 허용해서는 안 된다.

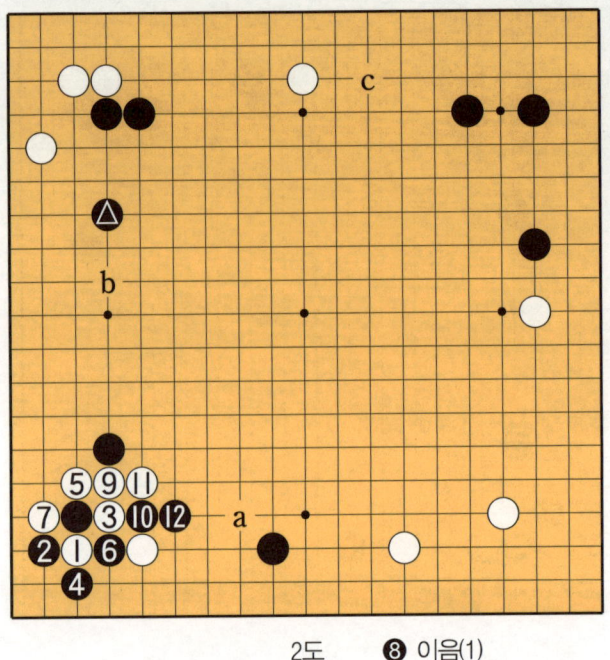

2도　　❽ 이음(1)

2도 (실패)　좌하귀를 결정지으려고 착안한 분도 많다고 생각되지
만, 60점이다. 백1, 3의 상투 수단에 대해선 흑2, 4로 되젖히는 게 적
절하며, 그러면 흑12까지의 정석이 예상된다. 그러면 나중에 백a의
어깨짚기부터 두어도 백은 좋은 결과를 기대하지 못한다.

　이런 모양에서는 좌상의 ▲가 돋보이며, 백의 진로에 '검문소'처럼
지키고 있는 모습이다. 또한 백1로써 좌변 b의 뛰어듦은 형세 판단
의 잘못으로 60점이다. 그리고 나서 흑c로 다시 없을 요점에 두어진
다면 백은 형세에 뒤지고 만다.

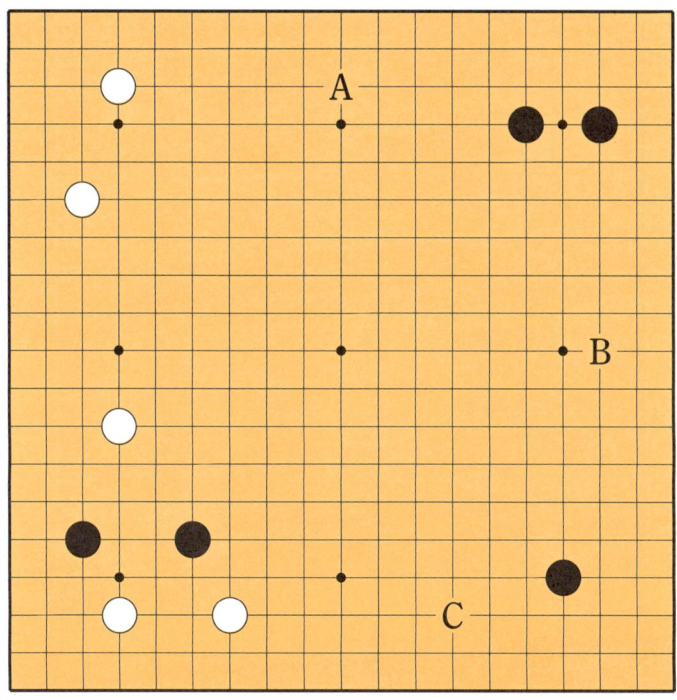

문제도

　이미 이해되었을 터이지만, 큰 곳에 대해서는 쌍방 어느 쪽부터라도 호점(好點)이 되는 이중의 가치를 가진 곳을 최고로 친다.
　느슨한 포석이지만 A, B, C가 눈에 띄는 큰 곳이다. 어디가 최고의 착점일까?

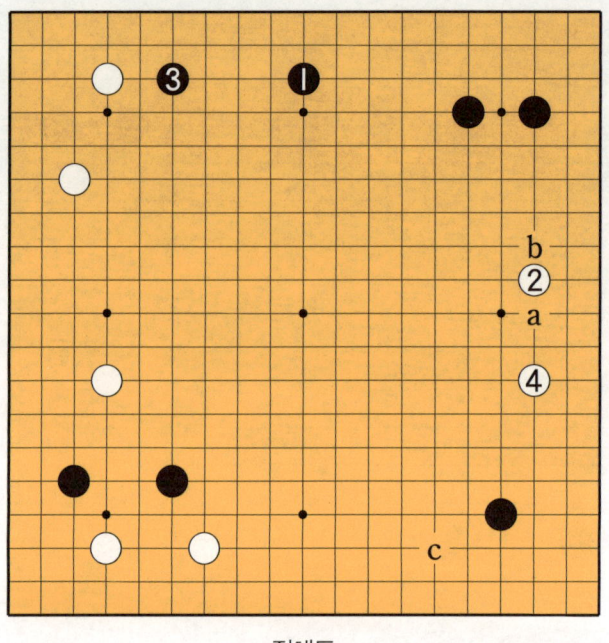

정해도

정해

▶ 쌍방이 대치하는 군힘의 조건에 의해 포석의 착점은 결정되는데, 이런 국면에선 상변이 급함을 요하는 곳. 즉 쌍방에 있어서 호점인 흑1의 곳이 이중의 가치를 갖는 의미로서 최고가 된다.

백2의 갈라치기는 당연한 한 수. 다른 곳에 두면 흑a로써 양날개를 허용한다. 그리고 백2로써 a의 곳인 화점 아래는 흑b로 양날개 가까운 형태가 됨을 고려한 것임에 주목하기 바란다.

계속해서 흑3의 다가섬은 백의 눈목자 군힘의 약점을 찌르는 급소. 그러면 백4로 우변을 안정시킨 다음 c의 걸침을 보는 게 여유있는 태도이다.

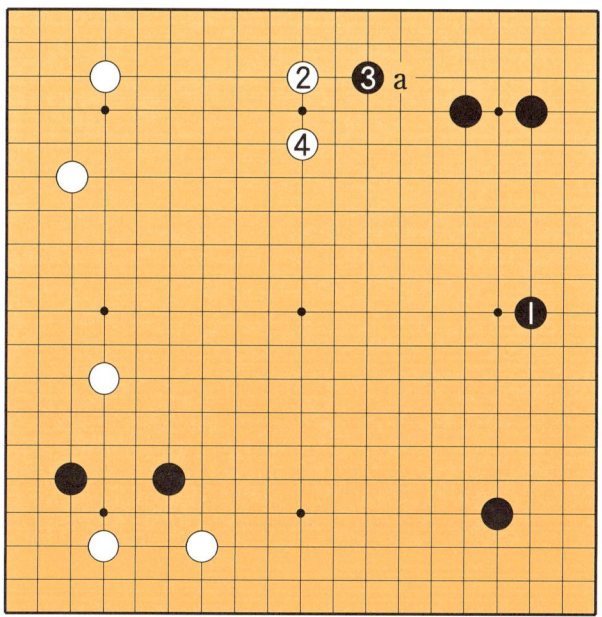

1도

1도 (실패) 흑1로 우변을 중시하면 백2의 필쟁점을 빼앗긴다. 언뜻 보아 말할 수 있는 것은 우변에 관한 한 흑1은 상하의 밸런스를 얻는 중심이 되지만, 전체적인 균형을 생각하면 우변에 치우쳐 있음을 부인하지 못한다. 80점.

그런데 백2는 좌상 굳힘으로부터의 밸런스와 더불어 흑의 약점인 백a를 보는 발전적인 착수로서 빛나고 있다. 그렇다고 흑3으로 뒤늦게 다가서는 것은 백4의 뜀으로써 큰 모양이 형성된다. '호점보다 요점'이라고 하지만 그런 요점에 해당된다.

2도와 비교하면 차이는 역력하다.

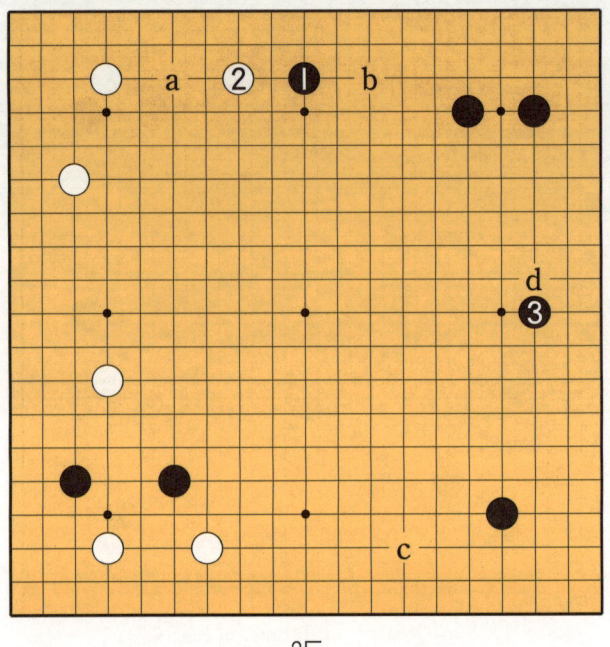

2도

2도 (참고) 벌림과 다가섬의 차이는 미묘한데, 일반적으로 말하면 같은 자세라도 자기의 배치에서 상대편 배치에 육박하는 것은 '다가섬'이라 한다. 그러나 '벌림 겸 다가섬'이라는 의미가 있는 것처럼 벌림과 다가섬은 일체(一體)인 것이라고 보아도 좋다.

흑1에 대해 백2의 다가섬은 안 된다. 이것은 흑으로부터 a를 차단하면서 b의 뛰어듦을 노린 수이지만 흑3에 뒤지고 만다.

포석의 순서로 말하면, 흑3의 벌림으로 c의 굳힘이 우선한다고 생각하는 것은 잘못. 그러면 백d의 갈라치기가 돋보인다.

110

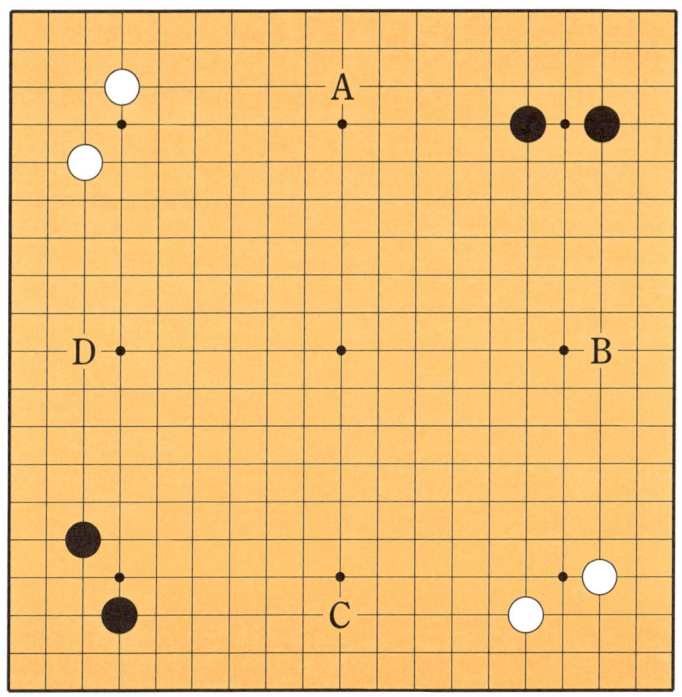

문제도

실전에서도 볼 수 있지만, 네 귀를 서로 굳힌 구성을 '양굳힘'의 포
석이라 한다. 이런 굳힘에서는 어느 방향으로 벌리는 것을 우선하는
가, 그것이 곧 포석 구상의 갈림길이다.

A, B, C, D의 네 곳 가운데 순위를 고르면?

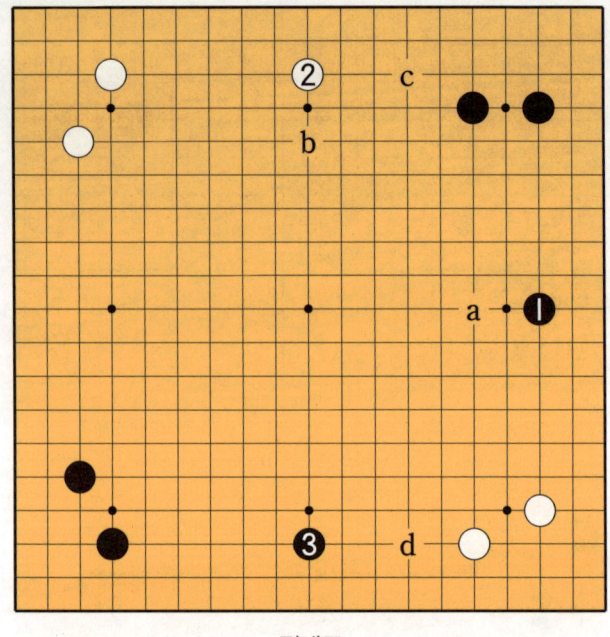

정해도

정해

▶ 귀의 굳힘을 기점으로 한 발전 방향은 어느 경우나 제1급의 큰 곳이 되지만, 굳힘의 상태에 따라 벌리는 방향의 가치도 달라진다.

그래서 이런 굳힘에선 한 칸 굳힘을 기점으로 한 흑1이 최고, 즉 우상으로부터 1과 2의 벌림이 있지만, 이런 흑1로부터 a의 곳에 뛰는 모양을 '박스형'이라는 속칭으로 최고의 가치를 부여한다. 이것에 비해 흑2로부터 b의 곳에 뛰는 모양은 차선.

이어서 백2의 벌림이 c의 곳을 보아 제2의 큰 곳. 흑3의 벌림이 d의 곳을 보아 제3의 큰 곳이 된다.

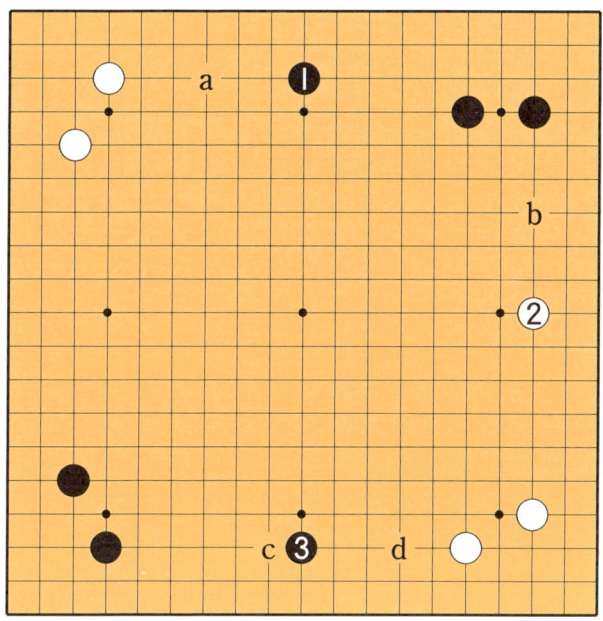

1도

1도 (참고) 흑1로 상변을 선점하는 것도 누구나 눈길이 가는 호점이지만 백2의 우변만은 못한다. 90점. 예컨대 흑1로부터 a의 곳에 다가서는 것보다 백2에서 b의 곳에 다가서는 것이 가치가 높다. 즉 흑의 한 칸 굳힘과 백의 날일자 굳힘으로부터 발전하는 방향에 따라 효과에 차이가 생기는 것이다.

그런 의미에서 흑1로써 3에 벌리는 것은 우변, 상변보다 뒤져 80점. 이유는 백으로부터 c의 곳이 선점되는 차이인데, 흑3으로부터 d의 곳에 다가서는 모습은 우하귀의 백이 견고한 굳힘이라 매력이 적은 것이다.

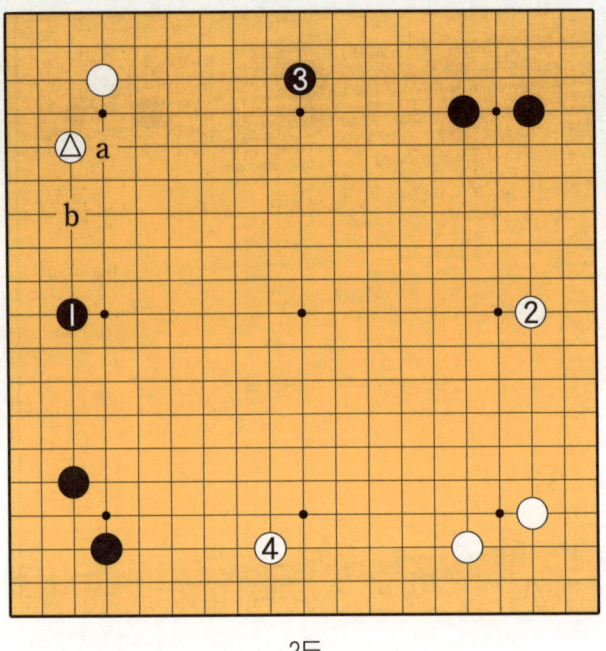

2도

2도 (실패) 착상이 흑1로 좌변에 간다면 포석 감각이 나빠서 60점
이다. 이런 굳힘의 구도에서 선정하는 순위는 제1위 우변, 제2위 상
변, 제3위 하변, 최하위 좌변이 된다.

가치가 낮은 이유는 좌변에서의 쌍방 굳힘 관계에 있는 셈인데, 예
컨대 △가 a의 한 칸 굳힘이라면 흑1의 가치가 높지만, 그림은 △로
낮은 굳힘이라 흑1로부터 다음 b의 곳에 다가서는 수가 매력이 없는
것이다.

백2, 4로 양날개를 넓히는 백의 구도는 이상형으로, 정해도와는 큰
차이가 있음을 명심하기 바란다.

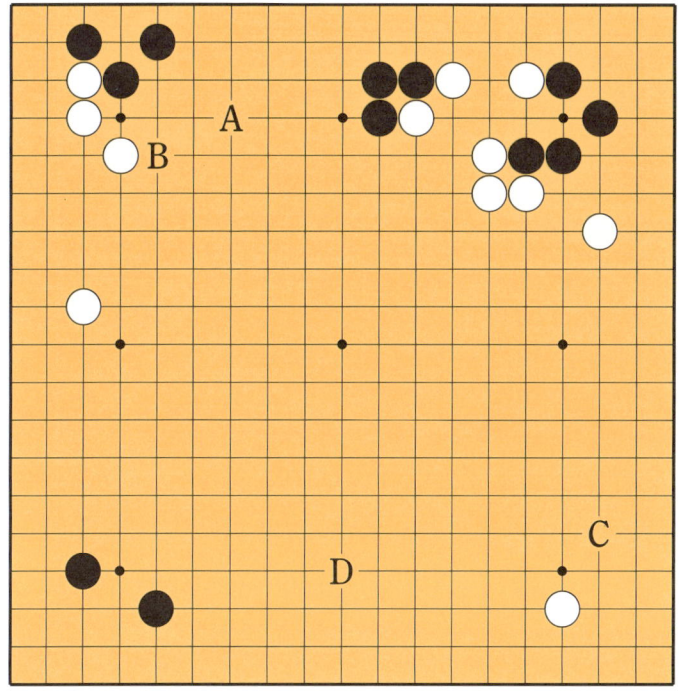

문제도

　포석은 청춘 시대의 낭만을 반상에 그리는 것과 비슷하지만, 그것을 실현하자면 역시 기본이 중요하다. A, B, C, D의 호점이 떠오르는데, 놓쳐선 안 될 포석의 급소가 이 안에 있다.

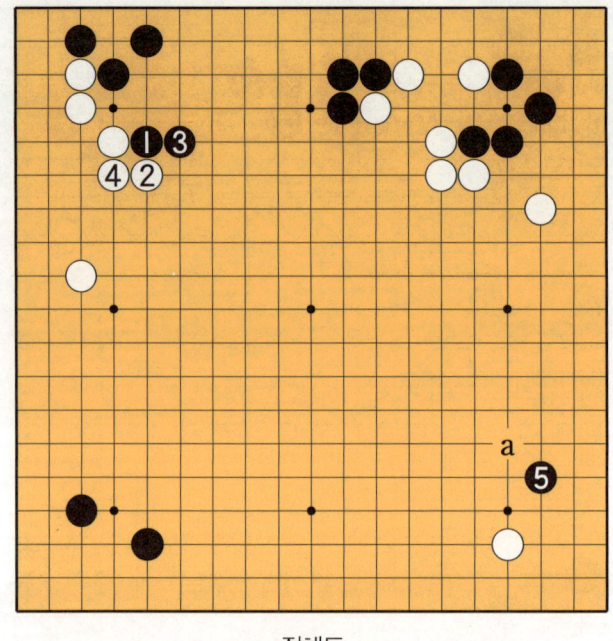

정해도

정해

▶ 포석은 결코 어려운 것이 아니고 극히 합리적인 이론 위에 성립되고 있으므로, 의욕을 갖고서 생각하면 쉽게 이해되며 실전에 곧 응용할 수 있다.

먼저 우상귀의 모양은 백이 두터운 점에 주목하여 구상을 세운다. 그래서 흑1, 3으로 붙이고 뻗는 것이 최선이며, 백의 두터움에 대항하는 태도이다.

이 착상은 물론 우측의 석 점을 살리는 의도와, 다음에 4의 곳을 끊는 노림수를 갖고 있다. 백4로 조심하면 흑5에 걸쳐 충분한 포석이 완성된다. 백4로써 a의 곳이면 흑4가 강렬.

116

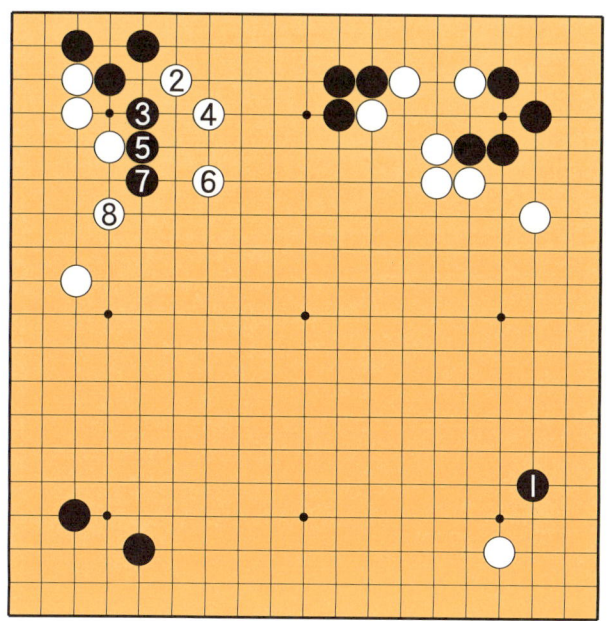

1도

1도 (실패) 우상의 정석은 고전 정석의 하나이고 백의 견실이 특징이다. 그래서 곧 흑1로 걸치는 착상은 이해되지만, 대국적으로 보면 바른 형세 판단이 결여되어 70점이다. 백은 재빨리 2의 급소를 찔러 온다. 흑이 3 이하 머리를 내밀면 백8까지로 자세를 갖추어 호조이다.

앞 그림에서 제시한 흑의 보고(寶庫)는 하룻밤 사이 파괴되었을 뿐 아니라 좌우로 분단되어 매서운 공격을 각오하지 않으면 안 된다. 상변의 급소를 둘러싼 공방이 이런 포석의 포인트이다.

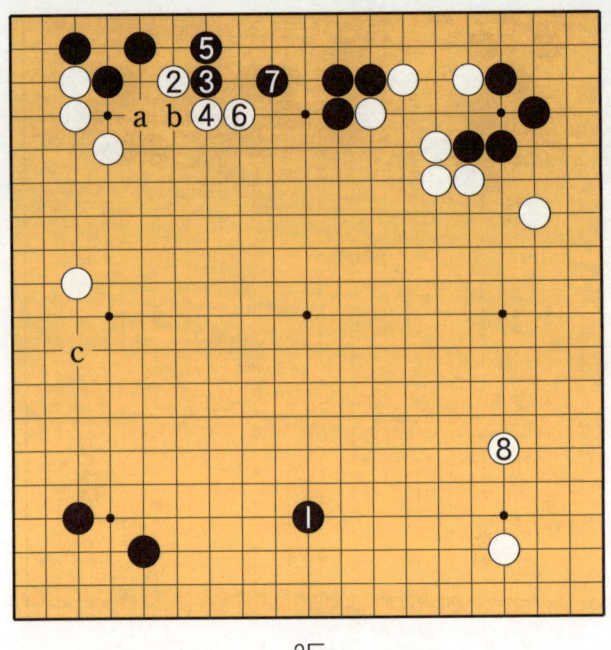

2도

2도 (실패) 흑1로 눈앞의 큰 곳을 차지하는 착상도 있지만, 역시 상변의 급소를 두지 않은 게 나빠서 70점. 당연하지만 백2의 급공(急攻). 흑이 낮은 위치를 감수하면서 7까지 좌우의 연결을 꾀하면, 유유히 백8의 요점을 선점하여 성공적인 포석이다.

그리고 흑1로써 상변 4에 두는 것은 정석이긴 하지만, 이런 형세로선 너무 견실하여 발이 느리다고 판단된다. 그러면 백은 좌상에서 손뺌하여 8의 호점을 차지하는 게 묘미이다.

부득이 흑c에 다가서면 백a, 흑b를 교환한 다음 반상 최고인 백1. 포석 설계의 고심이 엿보인다.

3

정석 이후의
한 수 테스트

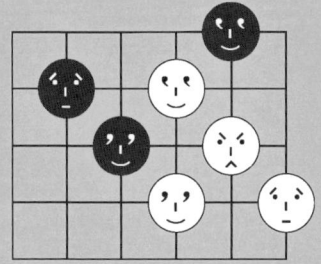

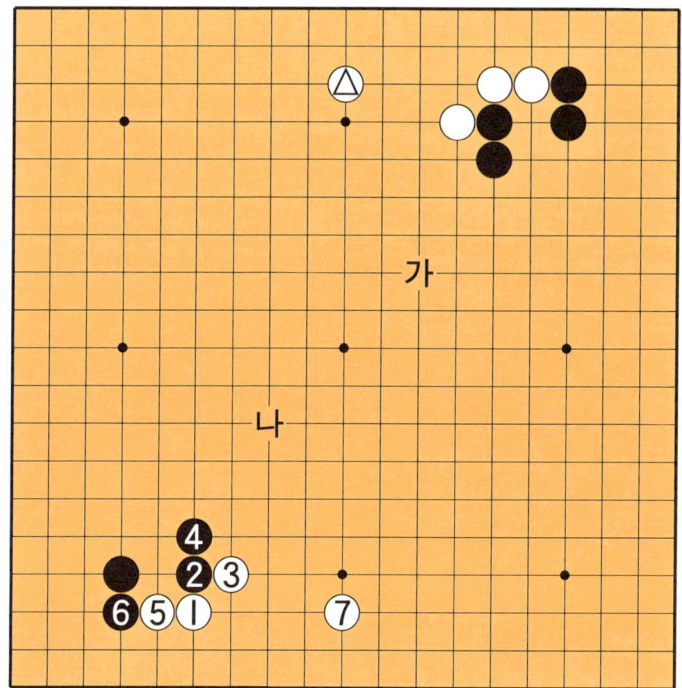

문제도

가 ▶ 화점의 '붙여뻗기 정석'이다. 백의 △에 대응하는 흑의 벌림
은 어느 곳일까?

나 ▶ (수순) 백7까지는 접바둑의 기본 정석인데, 호선 바둑일 경
우는 5 또는 7로써 변화하는 일이 많을 것이다. 붙여뻗기는 귀, 변,
중앙에서 흔히 생기는 기본 행마이다.

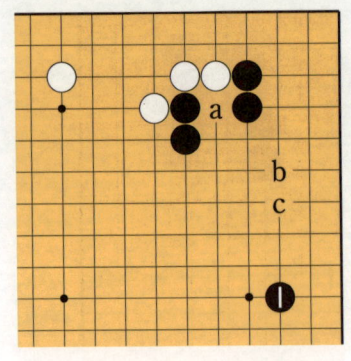

정해도

정해

▶ 흑1로 넓게 벌리는 게 중요한 요령이다. 백이 a의 곳부터 '나와 끊음'에 겁내지 말며, 또 b, c의 곳 '뛰어듦'에 대해서는 세력을 배경으로 삼아 크게 공격하자는 구상이다.

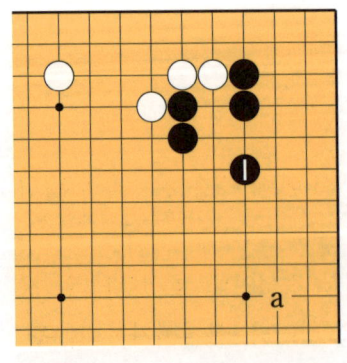

1도

1도 백1, 3의 나와 끊음에는 흑6의 '내려섬'이 급소. 백7엔 흑8의 끊음이 수순이며, 흑16은 정맥. 다음에 백a 이하 흑f의 '패'에 대해서는, 백이 a로 따냈을 때 흑 g의 '패감'이 있다.

2도

2도 백으로부터의 나와 끊음을 겁낼 필요없는 모양이므로, 흑1로 대비하는 감각은 느슨하며 이른바 접바둑의 태도이다. 흑이 a의 곳에 있다면야 흑1에 두는 것은 견실.

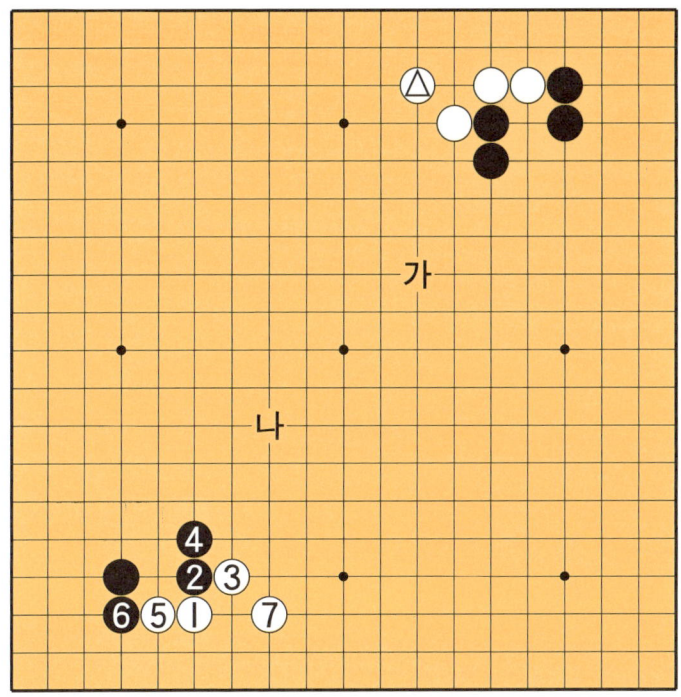

문제도

가 ▶ 앞 문제의 응용이다. 이번에는 △로 단단히 '호구 이음'했다. 흑은 어떻게 응수하는 것이 정수일까?

나 ▶ (수순) 백7은 호전적인 수법인데, 이 의도를 순순히 받아들이는 게 중요한 대응이 된다.

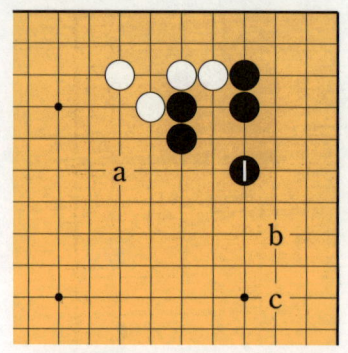

정해도

정해

▶ 백의 견실한 수엔 흑도 1로 견고히 받는 게 정수. 백은 a로 부푸는 게 당당한 모습이 된다. 만일 백b에 오면 흑c.

1도

1도 흑1로 넓은 벌림은 이 경우 안 된다. △의 효과로서 a의 나와 끊음을 노리는 백2가 매서워진다. 이런 상황 변화에 요주의하기 바란다.

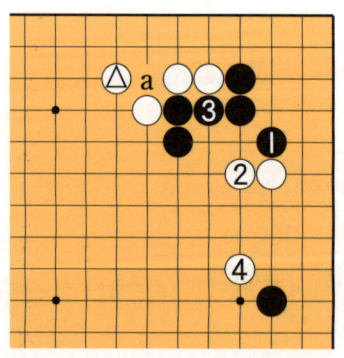

2도

2도 앞 그림에 이어 흑1, 3으로 조심할 정도이지만, 백은 4로 유유히 자세잡아 간다. △가 없다면 a의 곳 끊음이 생긴다.

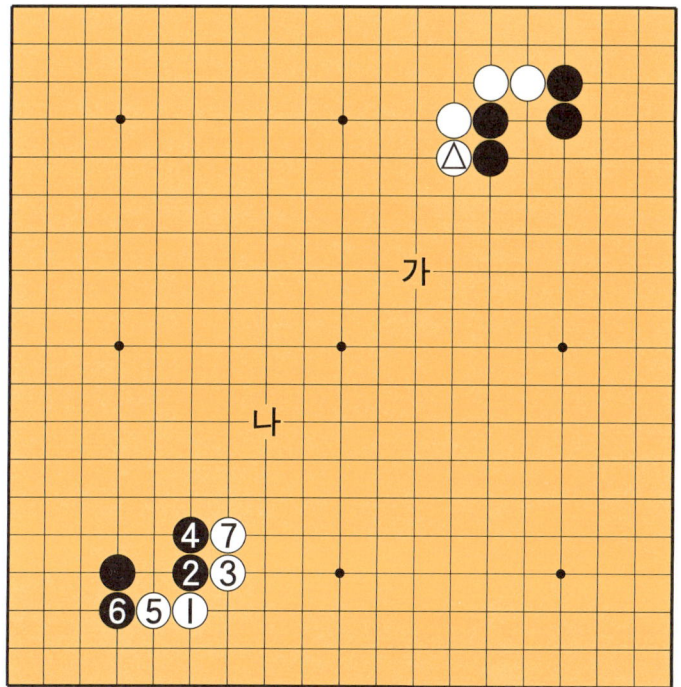

문제도

가 ▶ 이 그림 역시 붙여뻗기 정석의 변형이다. ⚠로 '밀어' 온 백
의 의도와 흑의 응수를 제시하기 바란다.

나 ▶ (수순) 백7의 밀기는 접바둑에서 사용되는 백의 상투 수단
인데, 의외로 대책을 모르는 사람이 많지 않을까?

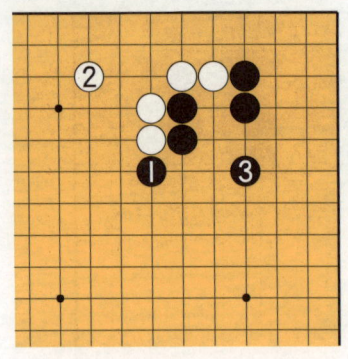

정해도

정해

▶ 백의 의도는 확실히 선수를 잡는 데 있다. 흑은 1로 '두 점 머리'를 바로 젖혀야 한다. 백2면 흑3으로 단점(斷點)에 대비하여 일단락.

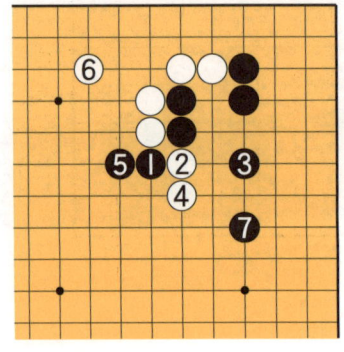

1도

1도 흑1에 대해 백2의 끊음이라면 흑3으로 모양을 잡는 게 리듬이다. 백4, 흑5로 뻗어 싸움인데, 7로 가서는 당당한 흑의 행진이다.

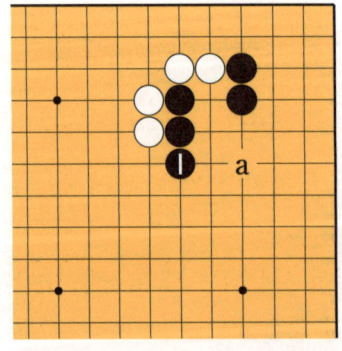

2도

2도 흑1로 뻗는다든가, a로 받는다든가 한다면 문제밖. 이런 응수에 무신경이라면 숙달은 어려울 것이다.

126

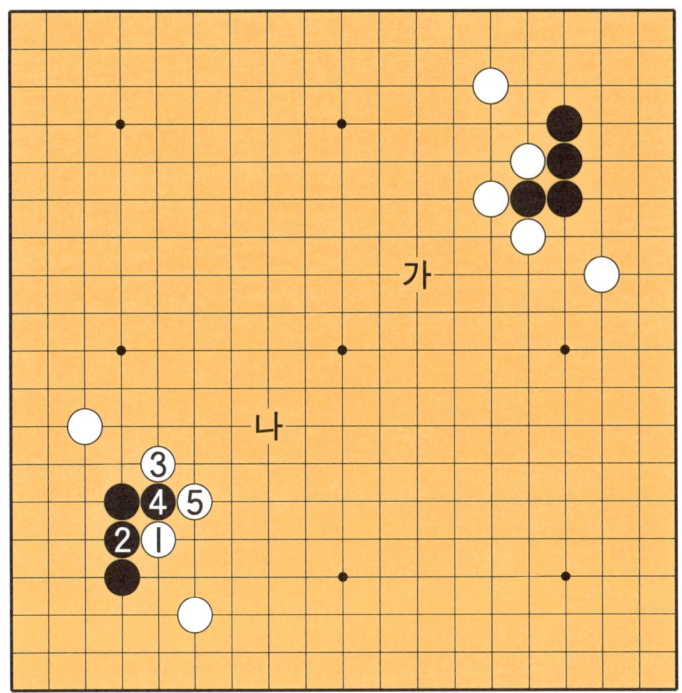

문제도

가 ▶ 백의 억지다 싶은 봉쇄가 적중하느냐 여부가 초점이다. 다음의 한 수로 백의 야망을 꺾는다.

나 ▶ (수순) 백1부터 5까지는 유명한 '함정수'이다. 제1감으로 초단 돌파의 문을 열어 주기 바란다.

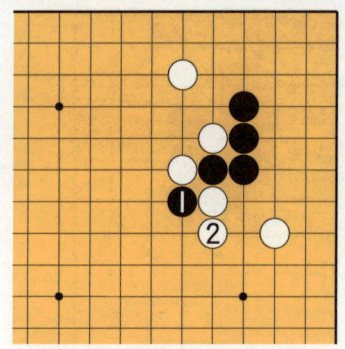

정해도

▶ 흑1의 끊음이 명확한 정맥. 누구나 한번은 통과하는 정맥 본보기의 코스이므로 꼭 알아 둘 문제라 하겠다.

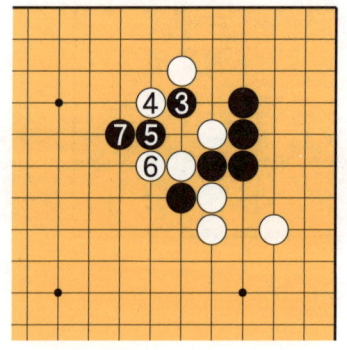

1도

1도 앞 그림에 이어 흑3의 붙임이 함정수 깨기의 급소. 백4의 젖힘에는 흑5의 반발이 포인트, 이어 흑7이 결정타이다. 백은 수습이 곤란한 모양.

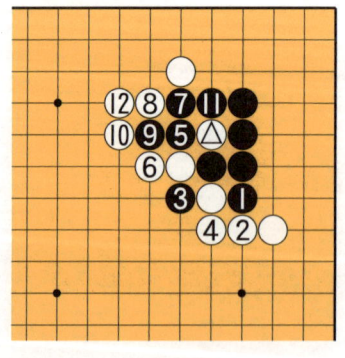

2도

2도 흑1, 3처럼 차례로 나가는 것은 속수(俗手)의 본보기. 이는 백의 주문으로서 멋지게 걸려든 함정형이다. △의 효과는 절묘.

128

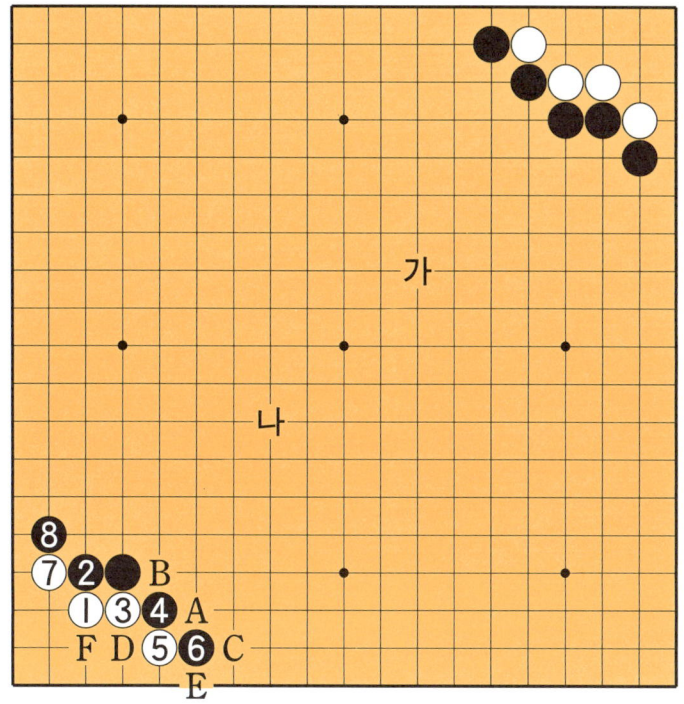

문제도

가 ▶　흑의 화점에 대해 백이 '3·三'에 뛰어들어 생기는 모양. 흑은 백을 무리하게 가둬 버리겠다는 태도인데, 백에겐 반격의 맥이 있다. 과연 어디일까?

나 ▶　(수순)　백7로 A의 곳부터 끊고 이하 부호 순서로 흑F까지 되면 온건한 정석.

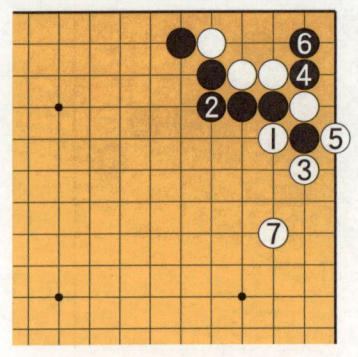

정해도

▶ '바꿔치기'의 발상으로 백1로써 끊는 게 맥이다. 흑2의 '이음'이 급소. 이하 백7까지 백은 변에서 안정. 흑은 귀의 집을 차지하여 일단락.

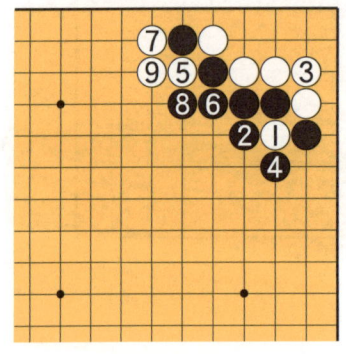

1도

1도 백1에 대해 흑2는 백의 책략에 빠지게 된다. 백3의 이음이 선수로 들어 백5, 7로 잡힌다면 흑의 불만이다. 과연 백집이 돋보인다.

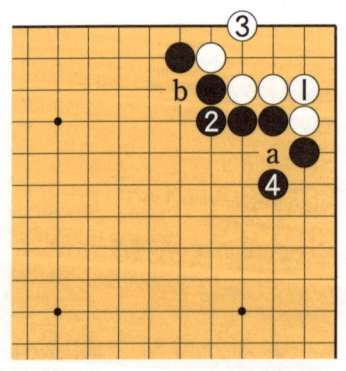

2도

2도 백1, 3 따위 귀살이의 발상은 '무겁고', 이것은 흑의 주문에 빠진 꼴. 흑2는 a, b의 끊음을 동시에 방지하고 있다. 흑4의 호구 이음은 정수.

130

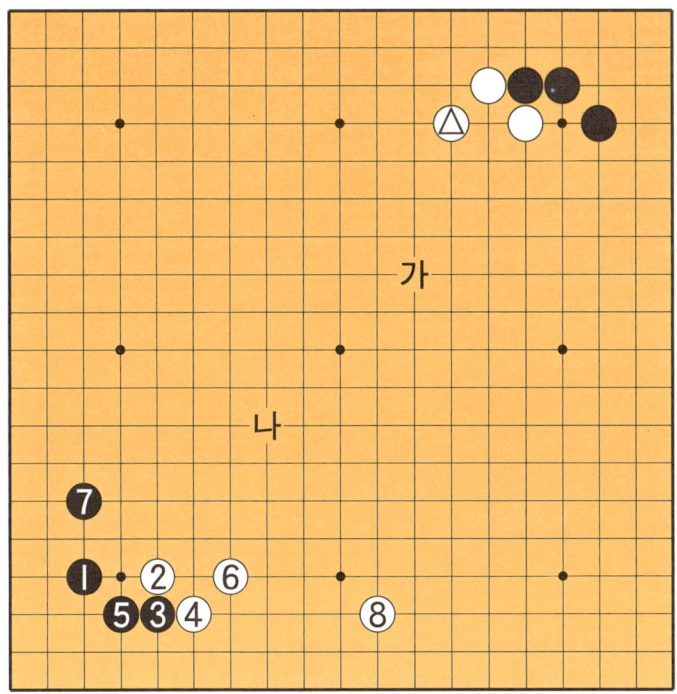

문제도

테스트 6 백선

가 ▶ 소목의 '한 칸 높은 걸침 정석'이다. △의 호구 이음에 흑은 손뺌했는데, 여기서 백은 어떻게 두어야 할까?

나 ▶ (수순) 흑3의 '밑붙임 정석'의 성립 수순인데, 예전부터 최근 까지 많이 두어지는 정석 형태.

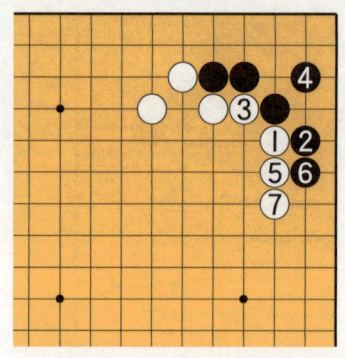

정해도

정해

▶ 다음의 한 수는 백1의 붙임. 흑2의 젖힘이라면 백3을 결정한 다음 5, 7의 '뻗음'. 백은 강력한 '외세'를 자랑하게 된다.

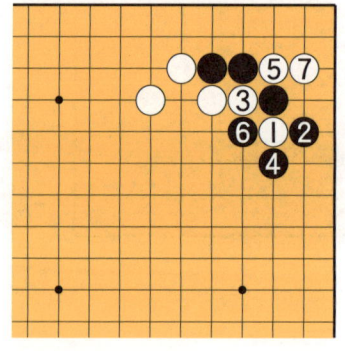

1도

1도 백1, 3에 대해 흑4로 '단수'하는 것은 백5, 7로 바꿔치기 하는 게 기세이다. 이 결과는 백의 실리가 크므로 흑4는 의문.

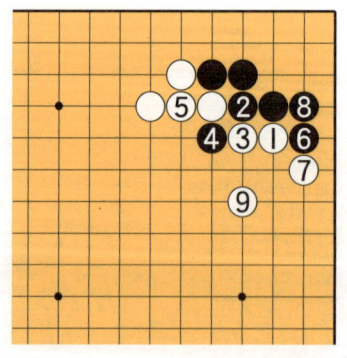

2도

2도 백1에는 흑2의 빈삼각으로 두는 게 실전적이다. 백3일 때 흑4로 끊어 두어 '뒷맛'을 남긴다. 백9까지도 정석.

132

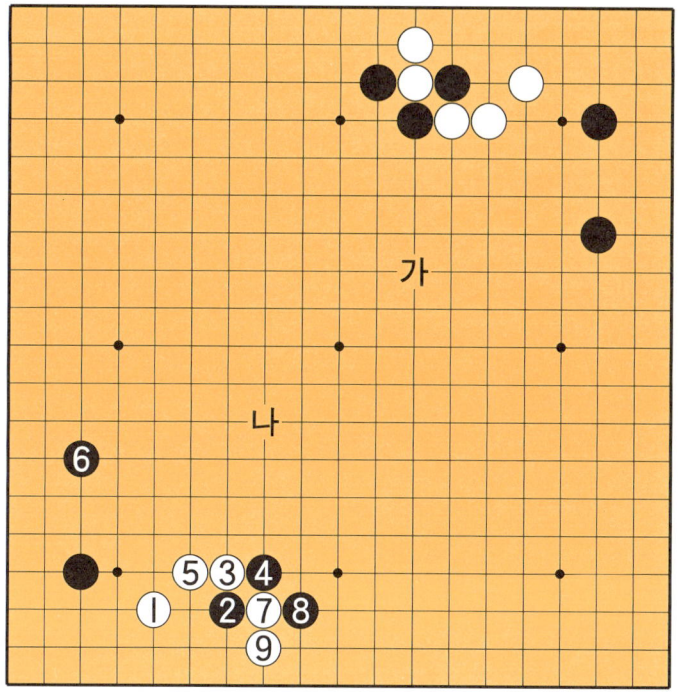

문제도

가 ▶ 소목의 한 칸 협공 정석. 흑의 다음 한 수를 제시하면?

나 ▶ (수순) [문제도]의 성립 순서인데, 흑2의 협공에 백3, 5의 '붙여늘기'는 빨리 서둘러 안정하려는 목적의 수단이다. 흑6으로 벌리면 백7로써 끊는다.

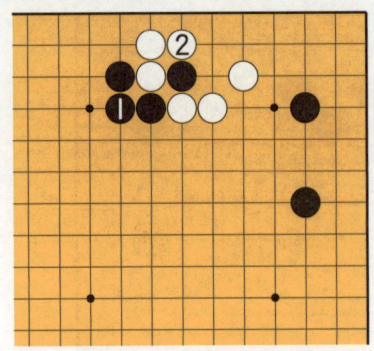

정해도

정해

▶ 흑1의 이음이 맥. 흑은 좌우를 두고 선수이지만, 백도 빈틈없이 안정되어 흑 석 점의 공격을 엿보는 즐거움이 남았다.

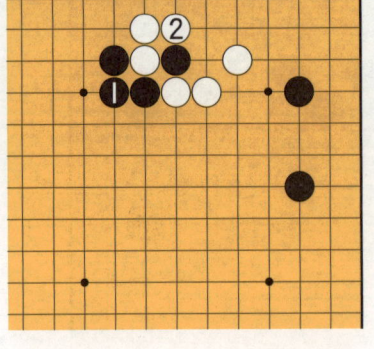

1도

1도 백은 축이 유리할 경우 2로 나간 다음 4로 끊어 선수를 잡는 것도 한 방법이지만, 흑7로 호형이 되므로 일장일단.

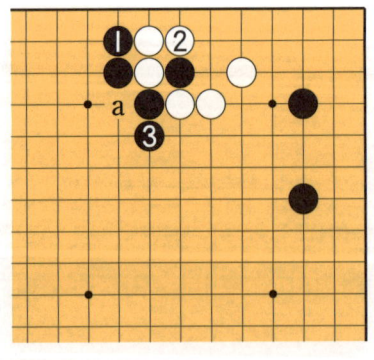

2도

2도 흑1로 누름은 속수. 흑3으로 a의 곳 끊음에 대비하여 후수인데다가 여전히 a의 결점이 남는다.

134

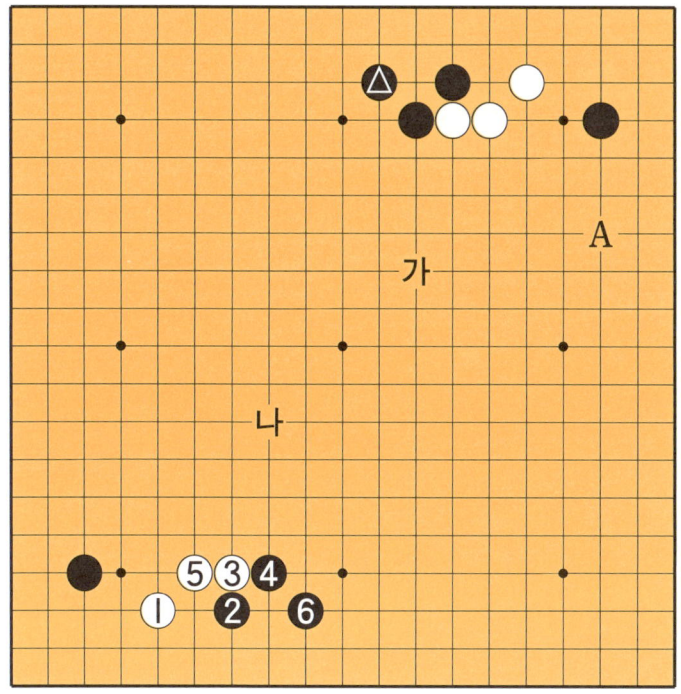

문제도

가 ▶ 앞 문제의 응용이다. 백의 붙여늘기에 대해, 흑은 A의 곳이 아닌 ●에 호구 이음했다. 다음의 한 수는 어떠한 구상으로 임해야 할까?

나 ▶ (수순) [문제도]의 성립 수순이다.

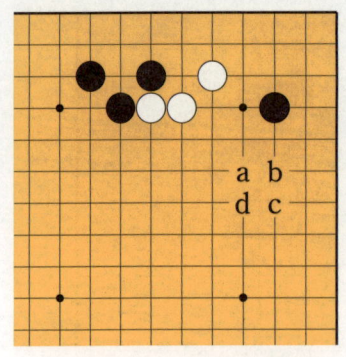

정해도

▶ 흑은 상변을 중시한 셈이므로, 백은 당연히 귀의 한 점에 압력을 가하는 구상이 중요하다. 백 a 이하 d까지의 협공에 생각이 미치면 정수.

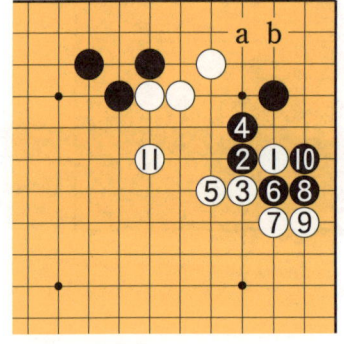

1도

1도 백1에 흑2, 4는 빨리 안정하려는 발상. 백11까지면 흑은 실리, 백은 두터움의 대항이다. 나중에 흑은 a, 백은 b의 곳 날일자가 크다.

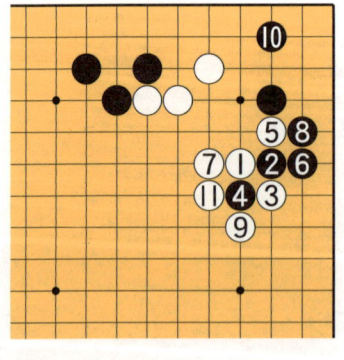

2도

2도 백1의 씌움은 축이 유리한 것을 전제로 한 수단. 백11까지로 일단락. 이 밖에 변화는 많지만 앞 문제와 비교하여 운용하는 것이 중요.

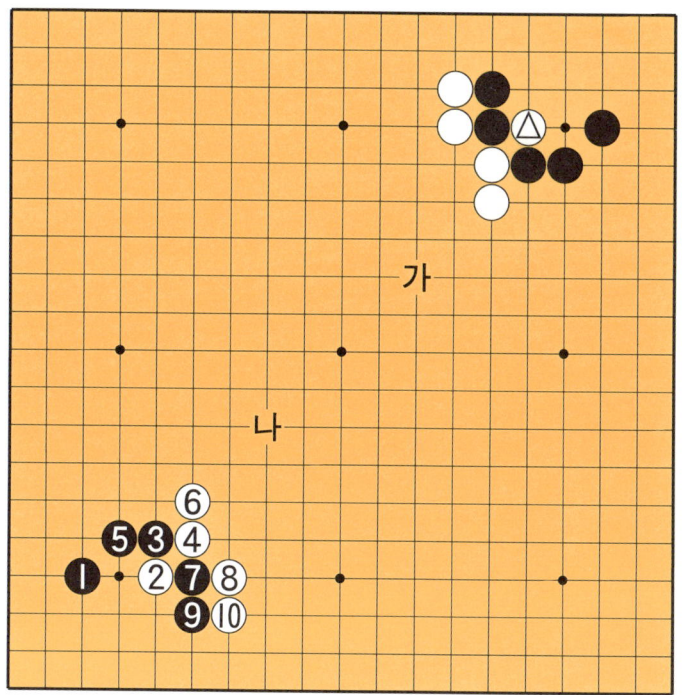

문제도

가 ▶ 소목의 한 칸 높은 걸침 정석이다. 초점은 △의 돌을 잡는 방법에 있는데, 그렇다면 정맥의 한 수는?

나 ▶ (수순)　흑3, 5의 붙여늘기에 백6은 중앙을 중시하는 취향의 수이다.

흑7로 끊어 흑은 실리를 차지하게 된다.

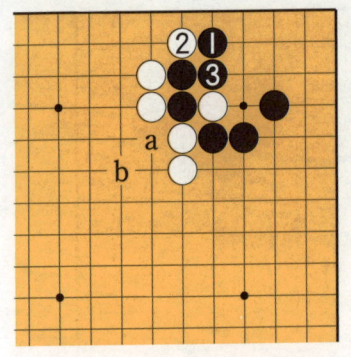

정해도

정해

▶ 흑1의 마늘모가 응용이 넓은 맥. 백2, 흑3까지 한 점을 잡은 집이 크므로 흑이 우세한 모양이다. 차후 흑a에 대비하여 백b로 지킴이 정수.

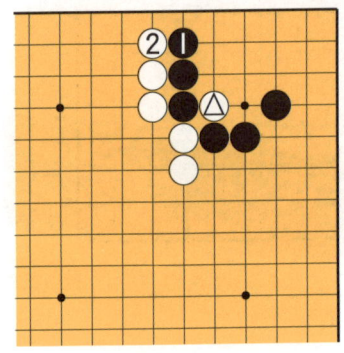

1도

1도 흑1의 내려섬은 속수라서 안 된다. 백2로 누르면 △의 활력이 생겨 백이 좋아진다. 흑은 선수를 잡은 것 같지만 별무소득.

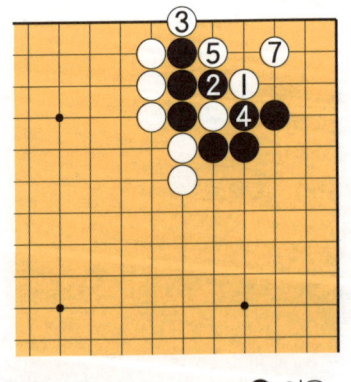

2도　　　　❻ 이음

2도 흑이 손뺌하면 백1의 마늘모가 정맥. 흑2의 단수에는 백3부터 '조이기'에 들어가 7까지, 흑이 예정한 집은 사라진다.

138

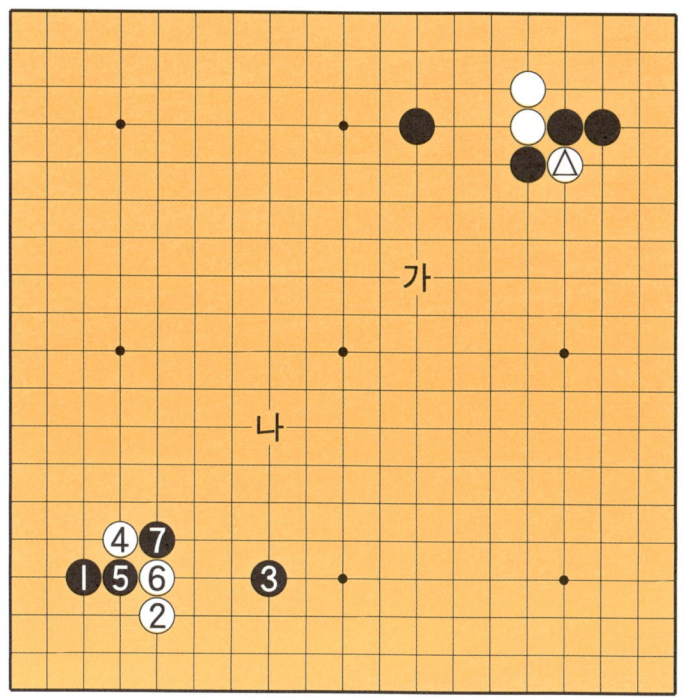

문제도

가 ▶ 소목의 두 칸 높은 협공 정석이다. △의 씌움에 흑이 나와 끊은 모양인데, 백의 처리 방법을 제시하기 바란다.

나 ▶ (수순) 백4에는 대개의 경우 흑5, 7로 나와 끊는 것이 정석의 출발점이 되지만, 교묘히 '바꿔치기'하는 게 요령.

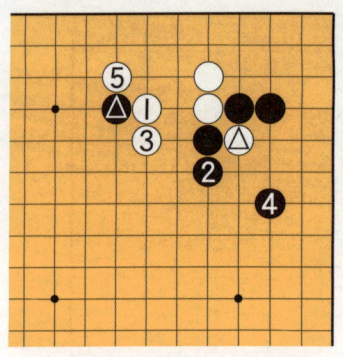

정해도

정해

▶ 다음의 한 수는 백1의 '뛰어 붙임'이 맥이다. 그러면 흑2부터 백5까지의 바꿔치기로 일단락. 서로 △와 ▲의 활동력을 없애고 있는 게 자랑.

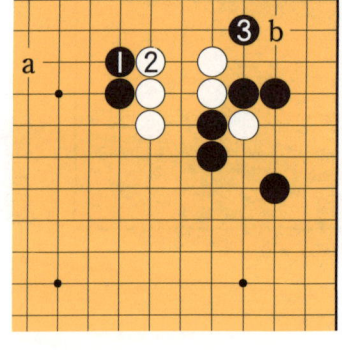

1도

1도 앞 그림의 백5를 손빼하면 이 그림 흑1, 3의 공격이 매서워진다. 흑3이 긴요한데, 이 수로 a의 곳을 두게 되면 백b로 안정되고 만다.

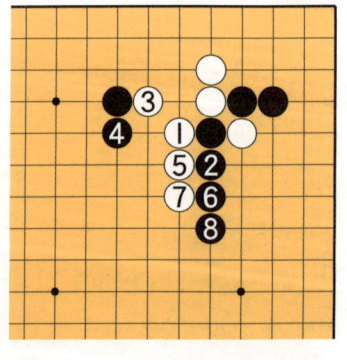

2도

2도 백1의 단수는 속수로서 안 된다. 백3일 때 흑4로 '서서' 백이 곤란하다. 흑8까지 제5선을 기점으로 흑의 진영이 이상적으로 구축된다.

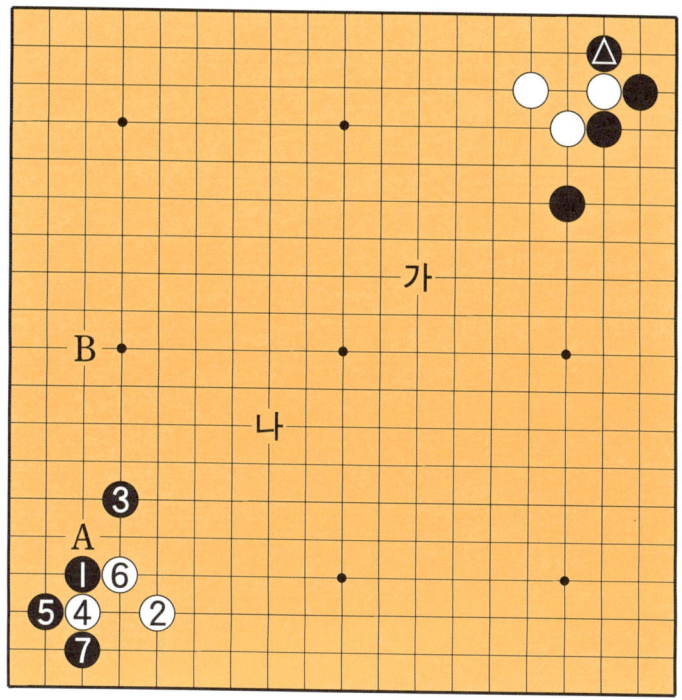

문제도

가 ▶ 소목에서 날일자로 받은 정석이다.

흑의 매서운 ▲의 단수인데, 백은 어떻게 응해야 할까?

나 ▶ (수순) 백4부터 6으로 두는 수에 대해 흑A로 늘면 평온하다. 그러면 백7, 흑B의 정석이 된다.

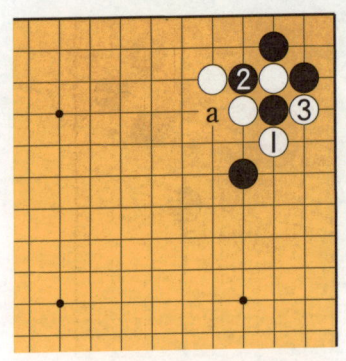

정해도

정해

▶ 백1로 되모는 것이 기백의 한 수. 흑2로 따내면 백3쪽에서 단수하여 변화하는 것이 기세라고 하겠다. 흑a는 겁나지 않는다.

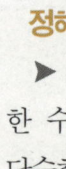

1도

1도 흑1과 백2의 이음은 함께 필연. 흑3의 끊음에는 백4를 듣게 한 다음 6이 정맥. 백8, 흑9로 모양을 잡은 멋진 정석이다.

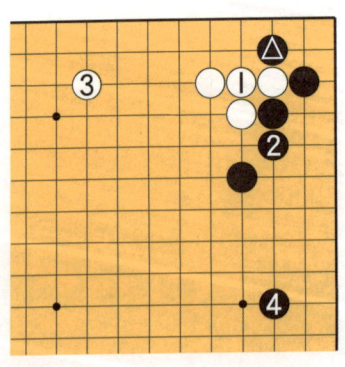

2도

2도 ▲의 단수에 대해 백1의 '우형'으로 이을 수는 없는 것임을 알아 두기 바란다. 흑2로 안정시켜선 안 된다. 흑4는 손뺌도 가능.

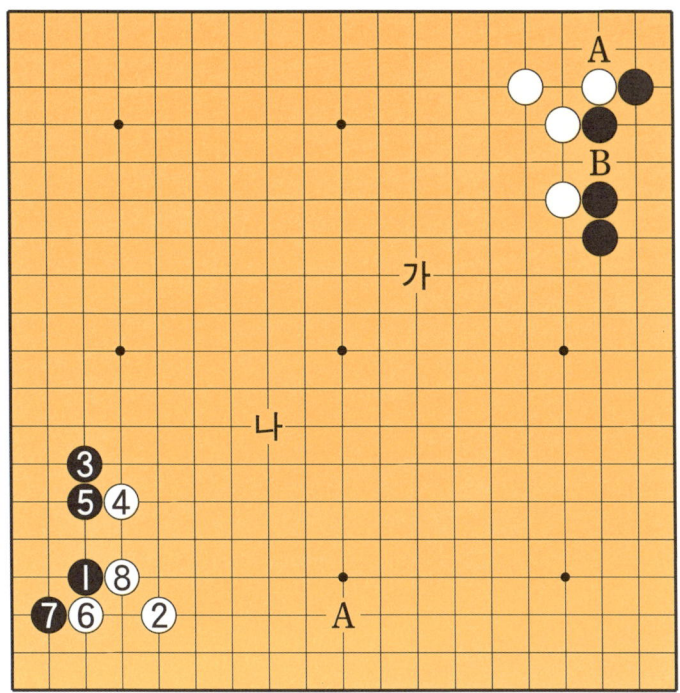

문제도

가 ▶ 소목에서 두 칸 벌림의 정석이다. 앞 문제와 마찬가지로 A의 곳으로 젖힐 것인가, B의 곳에 받을 것인가가 초점이지만 과연 어디일까?

나 ▶ (수순) 이 정석에서 백은 4 이하 8까지 일사천리로 둘 수 있는 모양이므로, 백A 방면으로 넓게 벌릴 수 있다.

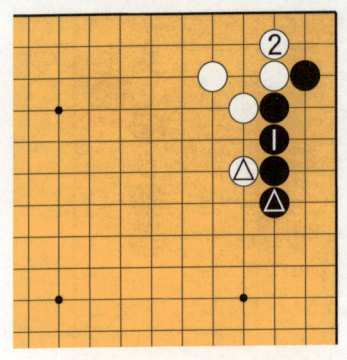

정해도

정해

▶ 흑은 두 칸으로 벌린 ▲의 취지를 살려 1에 잇는 게 정수. 백도 2에 내려서서 안정되는데, 백의 △가 활용(선수로 둘 수 있는 모양)되어 있음을 알 수 있다.

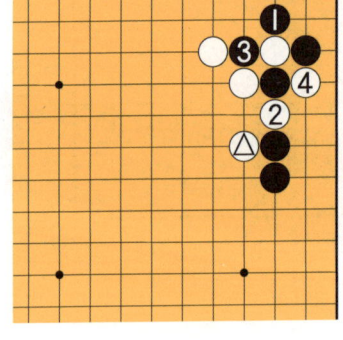

1도

1도 흑1의 단수로 반발하는 것은 무리. 백2, 4는 기세의 변화인데, 앞의 문제와 다른 것은 △의 백돌이 효과를 발휘하고 있는 점이다.

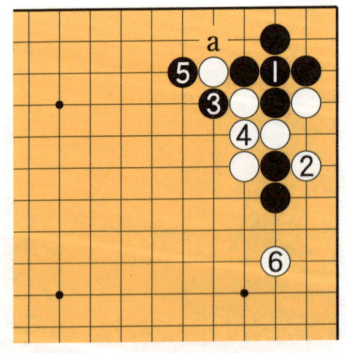

2도

2도 계속해서 백6까지로 일단락. 흑은 정석 초반 우변을 중시하고 있는 셈이었으므로 백이 유리한 결과이며, 백a의 '노림수'도 있어서 흑의 불만.

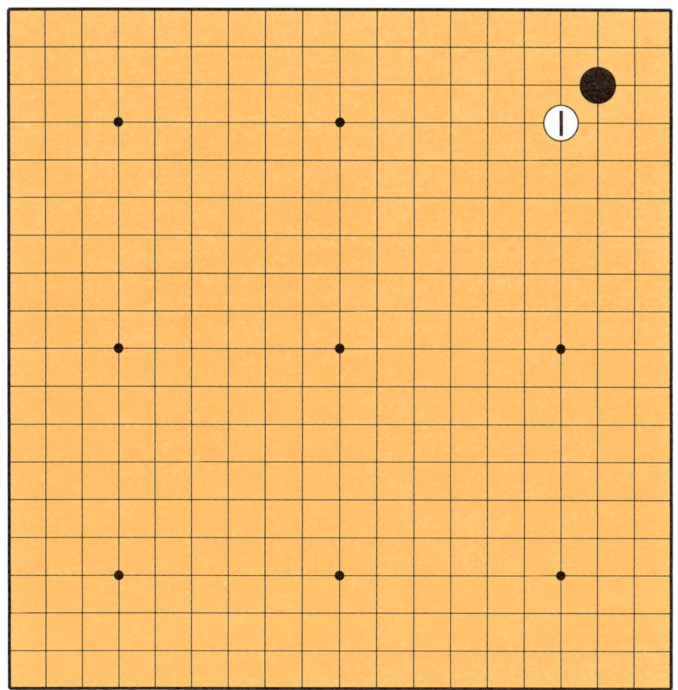

문제도

　3・三의 정석이다. 3・三은 한 수로써 귀를 굳혀 버리는 발빠른 현대 수법이다. 화점이 세력과 공격을 자랑한다면, 3・三은 실리와 수비를 주로 하고 있다.

　백1의 어깨짚기에 대해 흑은 어떻게 대응할까? 대표적인 정석을 들어 보기 바란다.

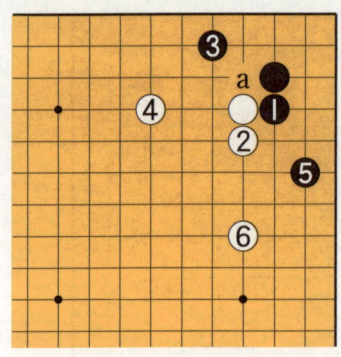

정해도

▶ 흑1의 밀기는 a의 곳 선택
도 있는데, 우선 이 한 수로써 백
2를 기다려 흑3으로 '달리는' 게
기본형. 백6까지는 실리와 세력
으로 나눠지는 대표형.

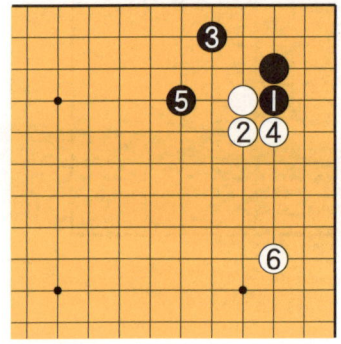

1도

1도 백4의 누름은 가장 알기
쉽다. 흑5는 절대의 날일자로서,
이런 수가 호점이 되는 구도를 예
상하여 1의 밀기를 선택한다.

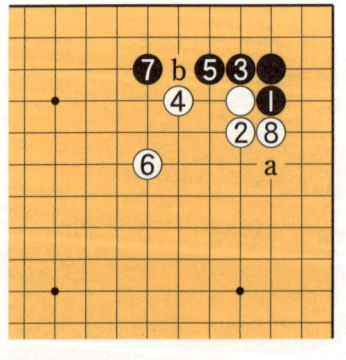

2도

2도 흑1, 백2일 때 흑3으로 '꼬
부려' 이하 백8까지를 기대하는
것도 정석. 흑7로써 a의 곳 뜀이
라면 백b의 누름인데, 좌우는 맞
보기라 생각하면 된다.

4

화점 정석
기본·실전
테스트

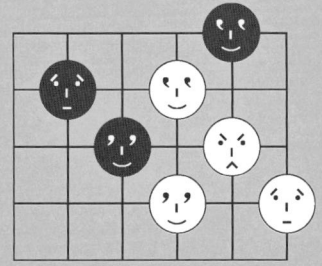

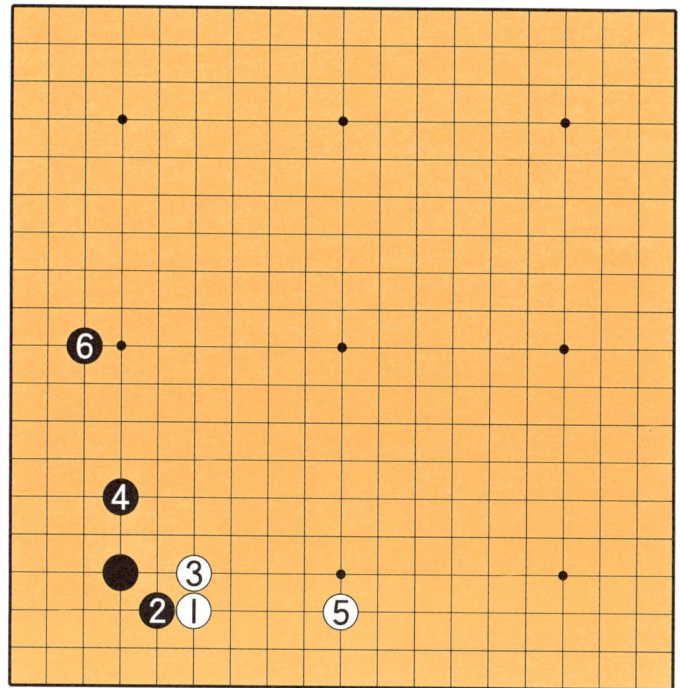

문제도

백1의 걸침에 대해 흑은 2의 마늘모 붙임을 응수시킨 다음 4의 뜀이다.

백5의 세 칸 벌림은 적절한 것이고, 흑6에 벌려 일단락되었다.

그런데 이 흑은 화점 정석을 바르게 운영하고 있지 않았다. 어느 곳에 문제가 있을까?

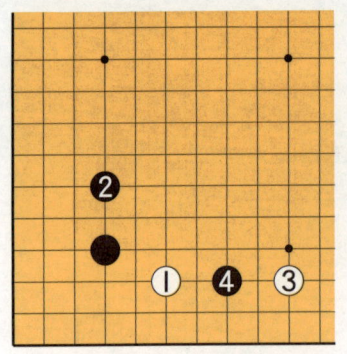

정해도

정해

▶ 백1의 걸침엔 단순히 흑2로 받는 게 정수이다. 그러면 백이 세 칸으로 벌려 응수할 경우, 시기를 보아 흑4의 뛰어듦을 남기는 효과가 있다.

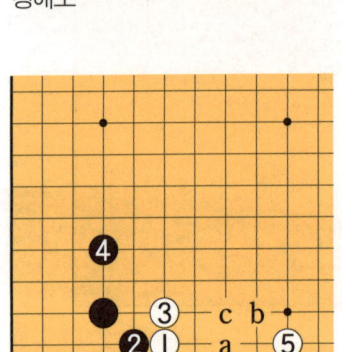

1도

1도 흑2, 백3의 교환은, 다음 백5로 세 칸 벌림의 이상형을 허용하는 의미에서 이적 행위라고 알아 두기 바란다. 흑a의 뛰어듦에는 백b의 마늘모나 백c의 붙임으로 안심할 수 있다.

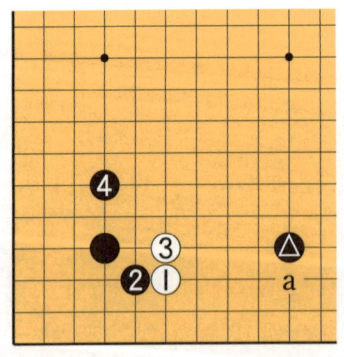

2도

2도 이미 ⬤나 a 등의 세력이 있는 경우는 흑2, 백3의 교환이 백의 근거를 빼앗는 강수가 된다. 그림의 공격 태세와 앞 그림의 결과를 비교하면 그 차이를 알 수 있을 것이다.

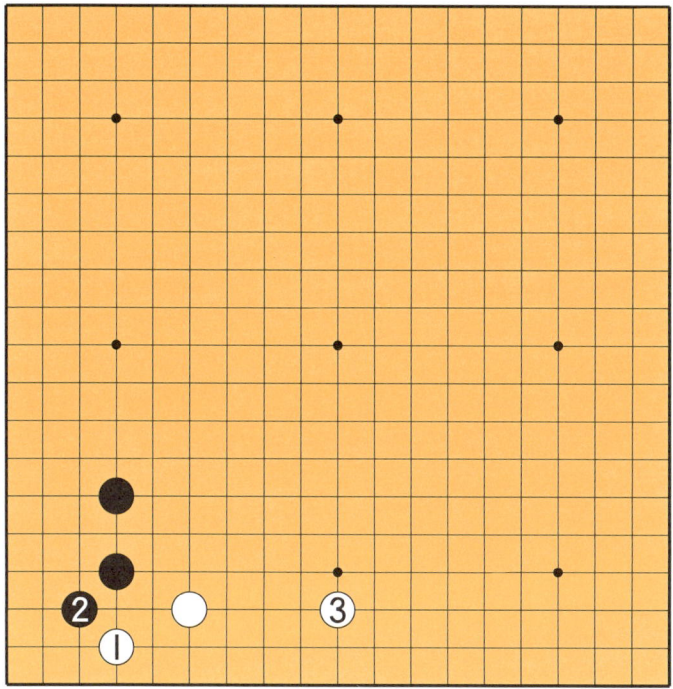

문제도

테스트 2　기본 ▶ 흑선

　정석은 합리적 형태의 내용을 이해하는 것이 중요하므로 안일하게
느낌만으로 두면 실패한다.

　백1로 날일자하고 나서 3으로 벌렸는데, 이는 두어선 안 될 금지
된 수이다. 어째서 나쁜지 그 이유를 들어 보기 바란다.

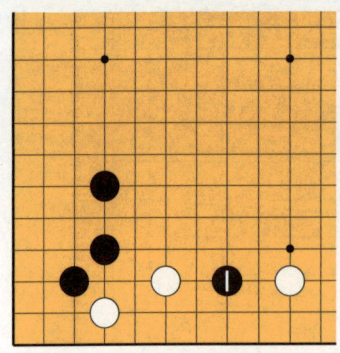

정해도

정해

▶ 흑이 1로 뛰어들면 마각(馬脚)이 드러나게 된다. 백은 날일자라서 귀에 바꿔치기할 여지가 없으므로 돌의 모양이 무거워져 버린다.

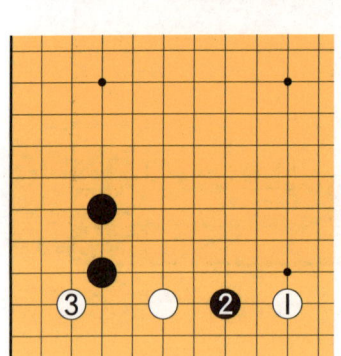

1도

1도 세 칸으로 벌리자면 귀로 날일자를 두지 말고 단지 백1로 두는 게 정수. 흑2의 뛰어듦에는 백3으로 귀에 들어가 뒤처리엔 어려움이 없다.

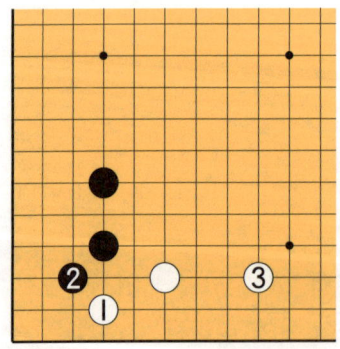

2도

2도 백은 날일자를 둔 만큼 3의 두 칸 벌림이 정석. 한 칸의 차이라도 결과는 중대하다.

152

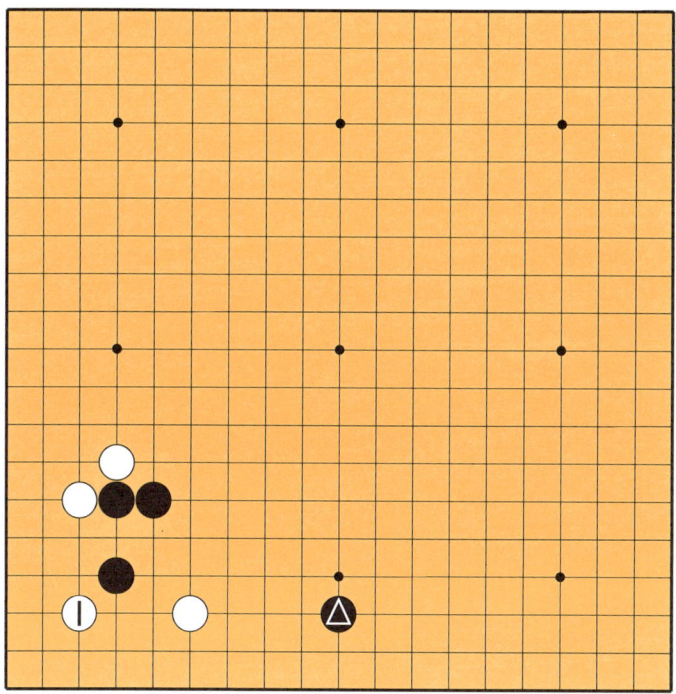

문제도

테스트 3 기본 ▶ 흑선

한 마디로 붙여뻗기 정석이라 하지만 그 변화는 엄청난 수효에 이른다. 속된 말로 '붙여뻗기 초단'이라 일컬어지듯 붙여뻗기 정석의 기본을 마스터하면 초단의 힘은 보증되는 것이다.

백1에 대해 ▲를 활동시키는 기본 정석으로서, 그 문제의 구도는 어떤 식으로 짜면 좋을까?

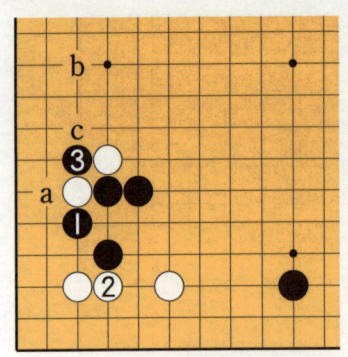

정해도

▶ 흑1로 누르고 백2를 허용한 다음 흑3으로 끊는 일단락이 제1 의 정석이다.

나중에 a의 곳을 노리고 백b로 두면 흑c에 뻗는 게 견실한 대응 이다.

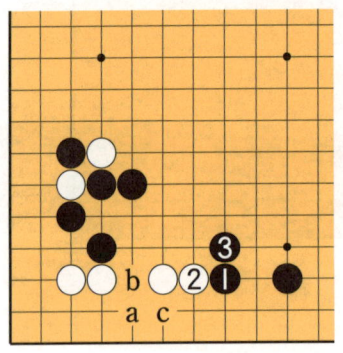

1도

1도 흑은 찬스를 보아 1로 다 가서는 게 급소이다. 다음에 흑a, 백b, 흑c가 매섭기 때문에 백2로 대비하면, 흑3이 호형이 되어 충 분하다.

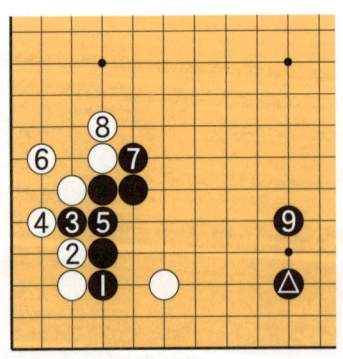

2도

2도 ▲를 활용하여 흑1의 누 름도 한 방법이다. 백2로 건너간 다음 흑9까지 하변의 흑집을 부 풀리는 발상인데, 수순 중 흑7을 선수로 두는 게 중요.

154

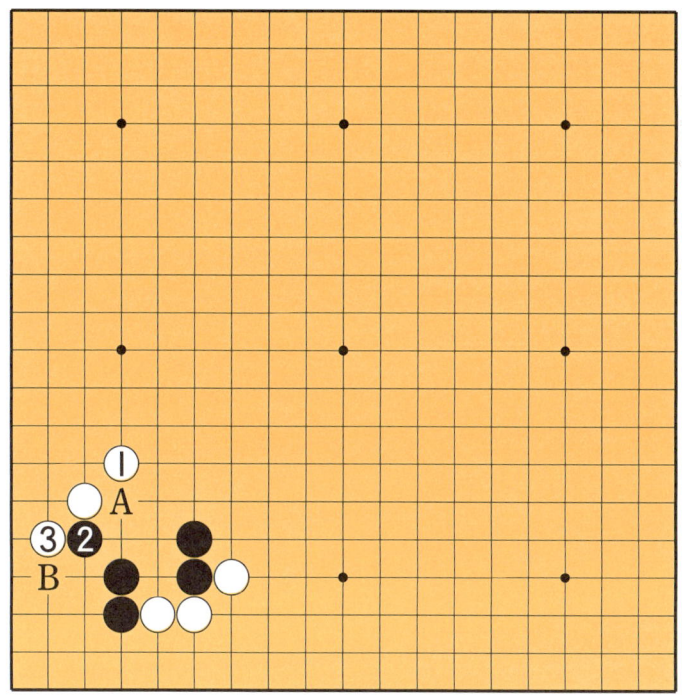

문제도

　정석은 쌍방 모두 최선이라 생각되는 맥과 모양에 의해 완성되고 있는, 말하자면 정밀 기계와 같은 것이다.

　화점의 양걸침에서 생기는 변화인데 백1, 3에 대해 흑은 A, B의 어느 쪽으로 응수하는 게 정수일까? 그리고 그 이유는?

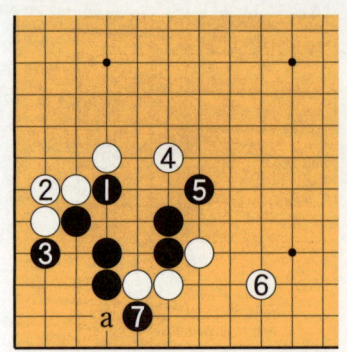

정해도

정해

▶ 흑1, 3의 수순이 중요하다. 흑5로 마늘모하고 백6으로 벌렸을 때 흑7이 정석. 흑5로써 a의 곳도 있다.

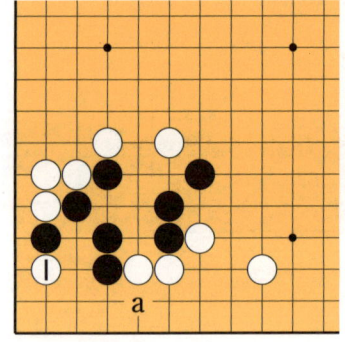

1도

1도 앞 그림의 정석은 흑a의 젖힘으로 완성된다. a의 곳을 게을리하여 백1의 붙임을 당하면, 급변하여 안형과 집을 잃으므로 큰일이다.

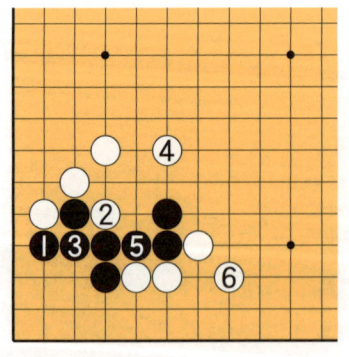

2도

2도 흑1로 받는 것은 백2로 단수하여 실패. 백4, 6으로 모양을 갖춘다면 백이 유리하게 되며, 흑의 모습은 80점이다.

156

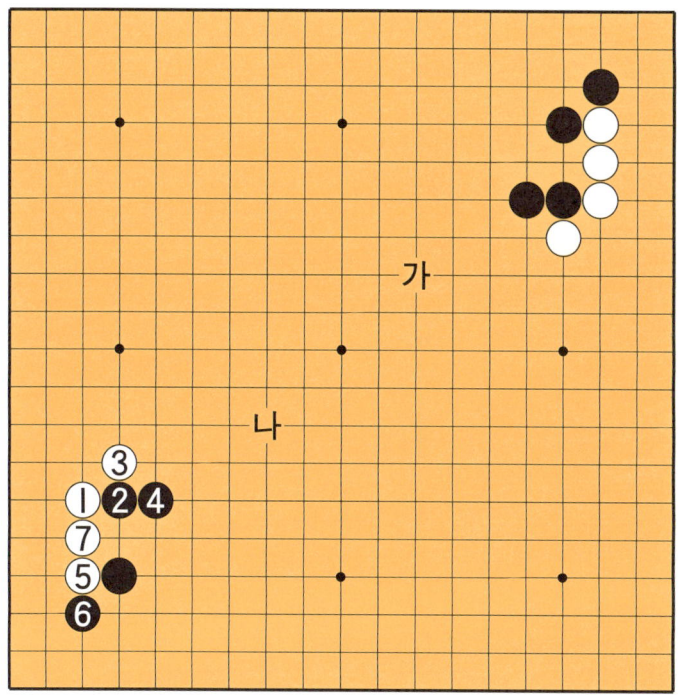

문제도

가 ▶　화점의 붙여뻗기 정석에서 생기는 모양인데, 흑은 어디를 잇는 게 정수일까?

초보자용의 문제라고 하겠는데, 지도할 때의 요령으로서 복습해 두기 바란다.

나 ▶　백7의 '막대 이음'이 정착이다.

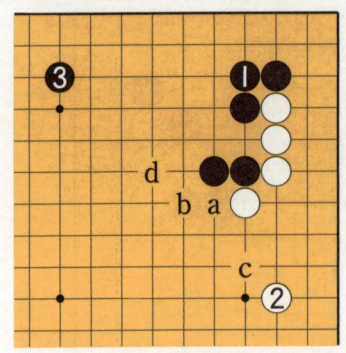

정해도

정해

▶ 흑1로 굳게 잇는 한 수가 프로의 감각. 백2, 흑3은 함께 호점으로 일단락된다. 백2로 a의 곳에서 밀고 다음 흑b, 백c, 흑d도 정석.

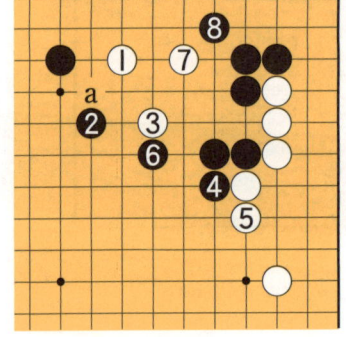

1도

1도 상변에 백1의 뛰어듦은 지나친 수. 흑2가 매서우며 이하 6으로 봉쇄되어 실패. 백은 a의 어깨짚기부터 삭감하는 것이 옳았던 것이다.

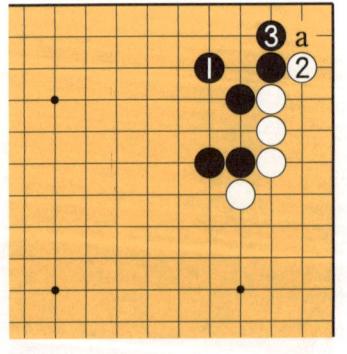

2도

2도 흑1은 아마추어가 곧잘 두는 수인데, 견실한 것 같지만 실은 실패이다. 백2에 손뺄 수 없는 손해와, 차후 백a의 큰 수를 남긴 점이 불만.

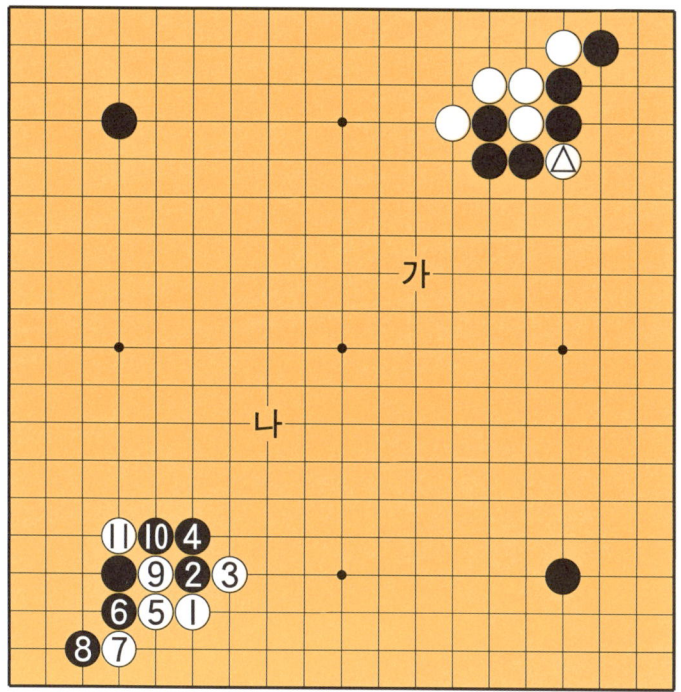

문제도

가 ▶ 화점의 붙여뻗기 정석의 변형으로서 백이 ⚠로 끊어 온 장면이다. 백의 무리한 취향이지만, 흑은 응접을 잘못하면 실패한다. 과연 어떻게 두어야만 할까?

나 ▶ 흑8은 무조건 막고 볼 일이다. 겁을 먹어 백에게 여기를 뚫리면 그 손실은 막대할 것이다.

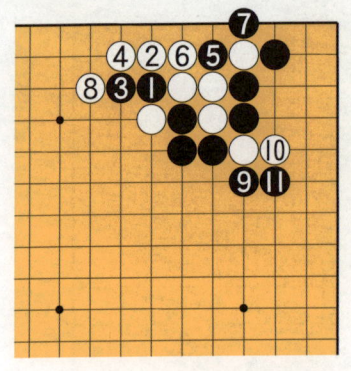

정해도

정해

▶ 흑1로 끊는 게 정답. 백2, 4로 둘 정도이지만 그때 흑5, 7이 수순이다. 흑9로 잡으면 귀의 집이 커서 성공적인 결과.

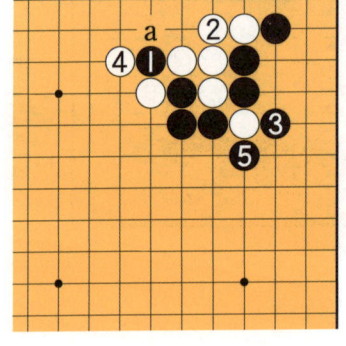

1도

1도 백2의 이음이라면 흑3의 단수. 백4, 흑5로 변화하면 백의 나와 끊음 작전은 실패로 끝난다. 백4로써 5는 흑a로 백의 괴멸.

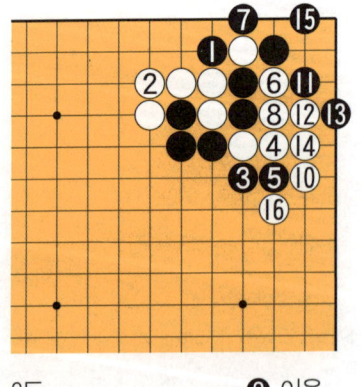

2도　　　　❾ 이음

2도 흑1로 끊는 것은 백2로 잇게 해서 실패. 흑3, 5엔 백6으로 조이는 수단이 있어, 백16까지 되면 나와 끊음 작전의 성공.

160

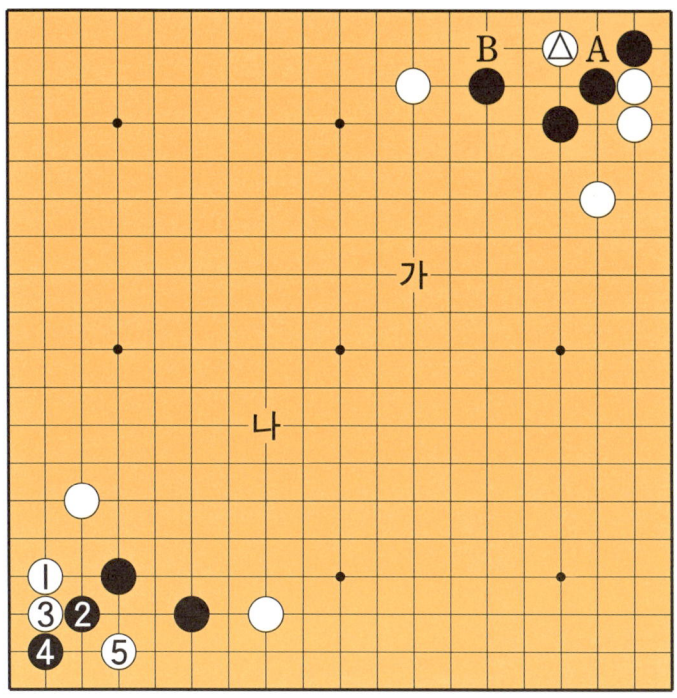

문제도

테스트 7 기본 ▶ 흑선

가 ▶ 화점의 날일자 지킴으로부터 발전한 모양이다. ⚪로 들여다보며 흑의 근거를 노렸다. 흑A로 받는다면 백B로 건너가 성공인데, 과연 흑의 대책은?

나 ▶ 흑4로 막기 전에 주변 상황을 우선 살펴 볼 일이다.

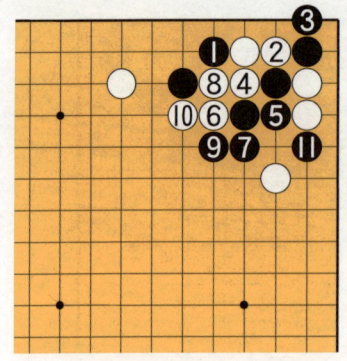

정해도

▶ 흑1의 마늘모 붙임이 정맥. 다음 백2로 끊었을 때 흑3의 내려섬이 묘수. 흑11까지로 바꿔치기한다면 부분적으론 호각이지만, 다소 불안했던 흑의 모양을 생각한다면 흑이 성공한 결과이다.

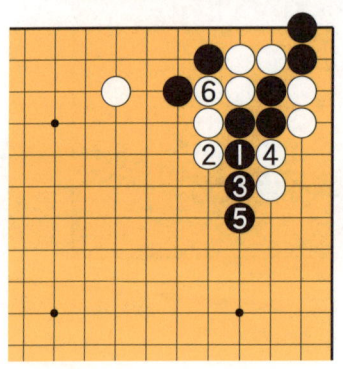

1도

1도 이 문제에서 주의점은 백이 축이 유리할 경우, 흑1일 때 백2, 4의 매서운 수단이 성립되는 점이다. 그러면 흑의 괴멸일 것이다.

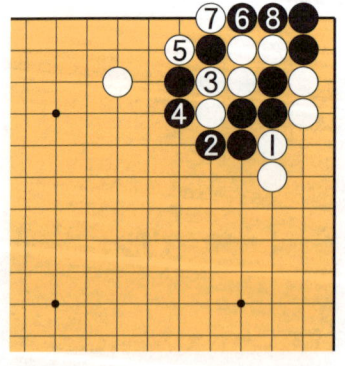

2도

2도 축이 흑쪽이 유리할 때는 반대로 백의 괴멸이다. 그렇다고 백1의 대비엔 흑2 이하의 '몰아떨구기'가 있다. 결국 주변 상황을 보는 세심한 배려가 중요.

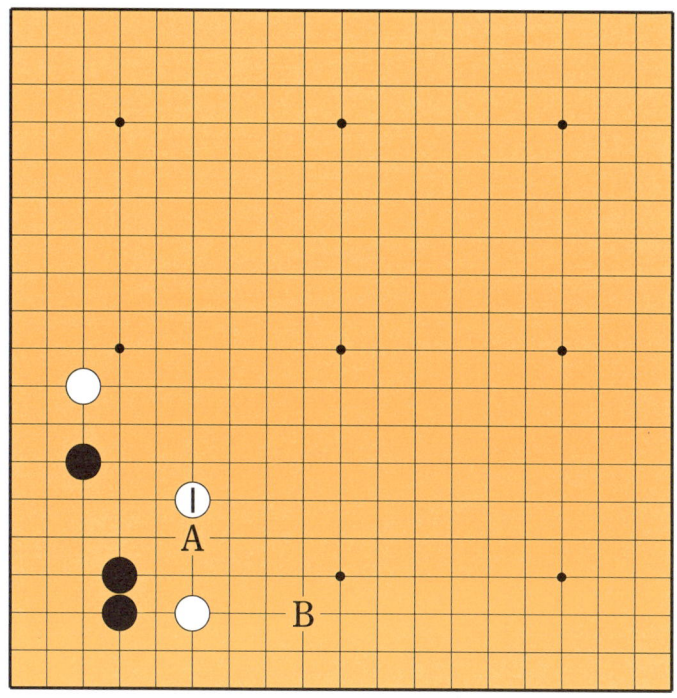

문제도

화점의 눈목자 정석이다.

백1로선 A의 한 칸 뜀이나 B의 두 칸 벌림이라면 보통이지만, 이 1은 간계(奸計)를 내포하고 있어 때로는 재미있는 수법이다.

귀에 대한 노림수를 봉쇄하자면 어떻게 받는 게 정수일까?

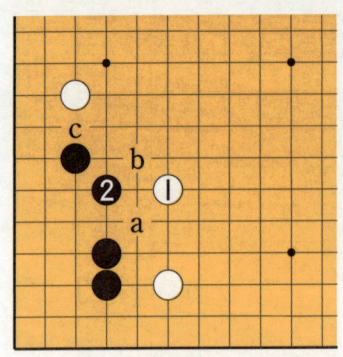

정해도

정해

▶ 흑2로 마늘모하여 백으로부터의 노림수를 봉쇄하는 게 가장 견실하며 정답이다.

이 밖에 a, b, c의 받기도 있지만 일장일단.

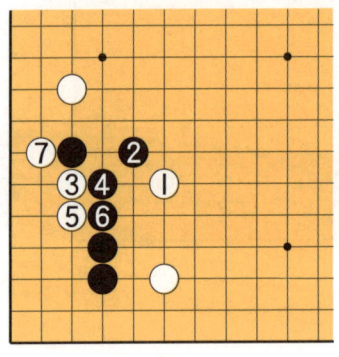

1도

1도 흑2의 뜀에는 백3으로 붙이는 맥이 있다. 흑4, 6은 평범한 응수로, 백7로 건너가면 흑2가 아무런 가치도 없어 70점이다.

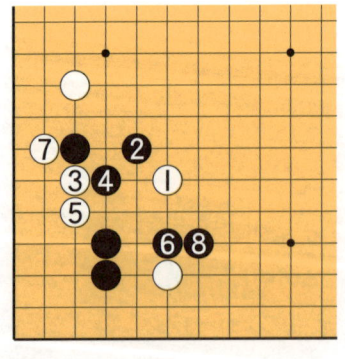

2도

2도 앞 그림은 실리의 손해가 크므로 흑6으로 붙여 반발하는 게 정맥이다. 흑8까지 바꿔치기하여 불만은 없다.

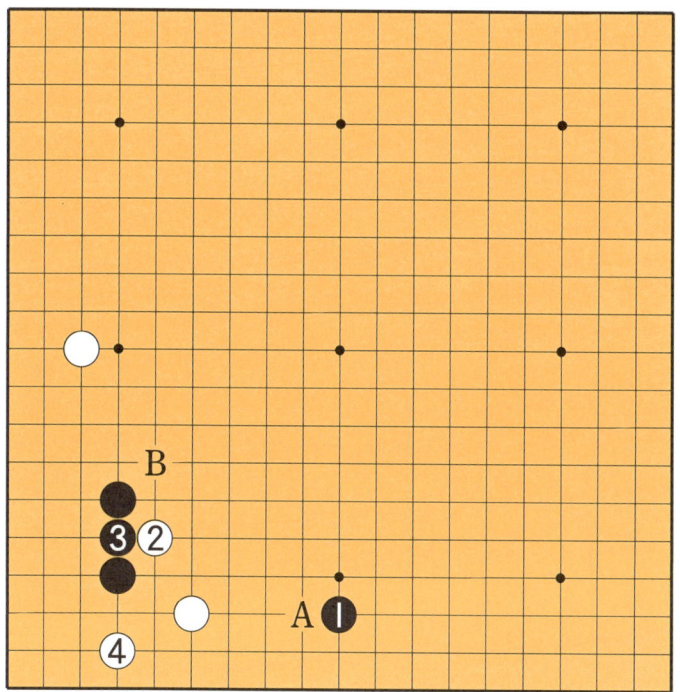

문제도

실전에서 자주 생기는 모양인데, 흑1의 세 칸 협공은 A의 두 칸 협공, B의 마늘모와 더불어 최선의 수법이다.

보통은 교환 없이 백4로 달리지만, 먼저 2의 들여다봄을 선수로 두었다. 이럴 경우 흑은 어떻게 받아야만 할까?

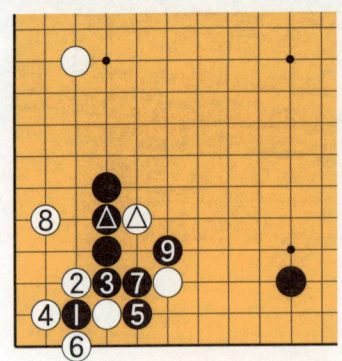

정해도

정해

▶ 흑1의 붙임이 호수. 자연히 백2 이하의 바꿔치기인데 흑9의 젖힘을 두어 충분. △와 ●의 교환은 흑이 유리한 쪽으로 작용한다는 판단이다.

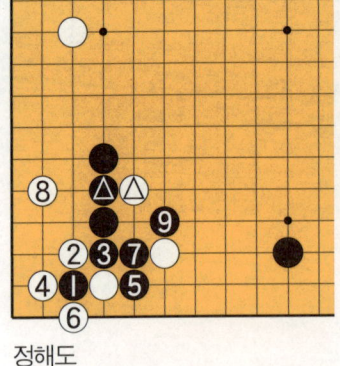

1도

1도 그냥 백2의 달림에 대해서도 단순히 흑3으로 붙인다면 이번엔 약간 지나친 수가 된다. 백12까지의 실리가 크다는 점과 앞 그림과의 차이를 비교해 보기 바란다.

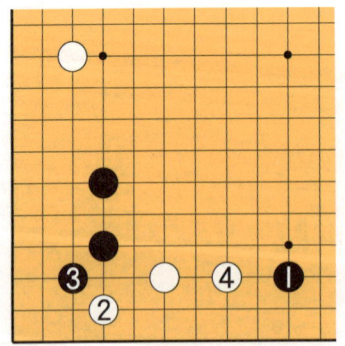

2도

2도 흑1의 세 칸 협공에는 백2에 달려 흑3의 마늘모와 교환한 다음 백4의 모양이 되는 게 정석.

돌의 움직임에 대한 예리한 눈을 길러 주기 바란다.

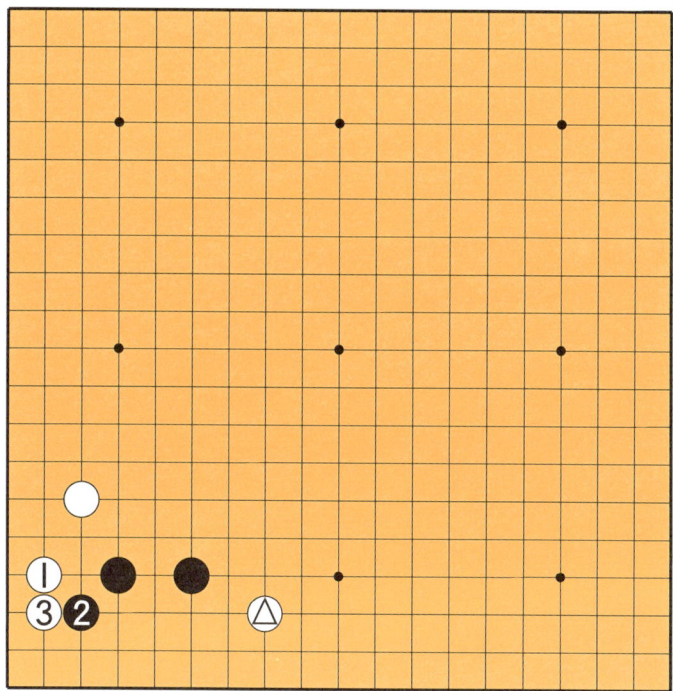

문제도

　흑의 한 칸 뜀에 대해 백이 양걸침한 모양은 실전에서 늘 생긴다. 백1로 '열린 문'을 공격하는 건 당연하므로 흑의 응수도 대체로 정해져 있다.

　흑은 △를 유의하여 응수를 생각해야 하는데 자칫하면 함정에 빠진다.

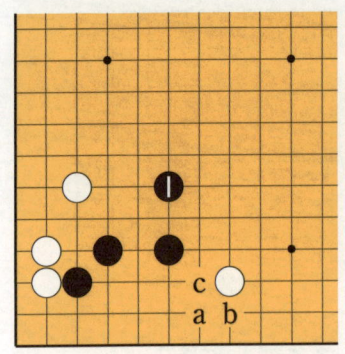

정해도

정해

▶ 귀에서 상대하지 않고, 흑1로 깃발을 세워 좌우의 백을 노려보는 발상이 최선이다. 이 흑은 여차할 때 흑a, 백b, 흑c로써 '눈모양'이 약속된다.

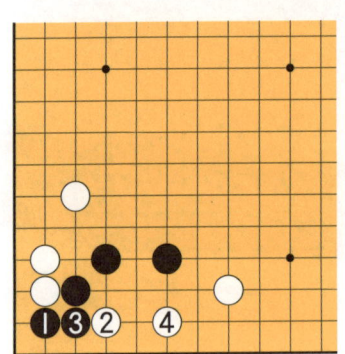

1도

1도 예의바르게 흑1로 받는 것은 함정에 걸려든다. 재빨리 백2로 들여다보고 흑3, 백4로 건너간다면 눈모양은 없어진다.

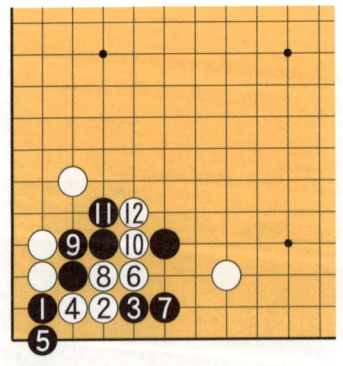

2도

2도 백2에 흑3의 붙임은 버티기의 정맥으로서 여겨지지만, 흑이 10의 곳에 없으므로 실패. 백4부터 12로 나가게 되면 흑의 괴멸이다.

168

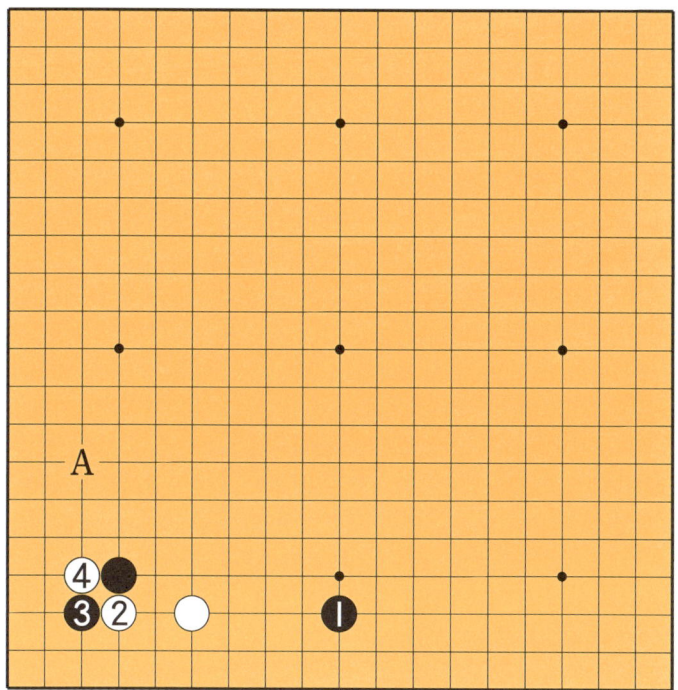

문제도

테스트 11　기본 ▶ 흑선

　정석을 무조건 암기하는 것은 뜻하지 않은 맹점으로 함정에 빠지
므로 요주의.

　흑1의 협공에 대해 백2, 4의 '붙여끊음'이다. 흑A의 눈목자가 있을
경우는 적당한 정석이 있지만, A가 없을 때의 백2, 4에 대해 흑은 어
떻게 대응해야 할까?

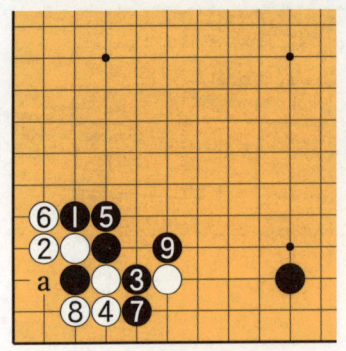

정해도

정해

▶ 이런 경우는 흑1, 3의 단수를 결행하고 나서 5에 잇는 게 가장 알기 쉽다. 백6이라면 흑7, 9로 하변을 확보한다.

백6으로써 7은 흑a의 곳.

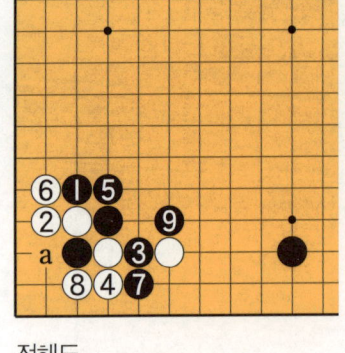

1도

1도 앞 그림의 흑5로써 1로 대드는 것은 안 된다. 백 두 점은 잡을 수 있지만 백4, 6으로 조여 온다면 쓰라린 모습.

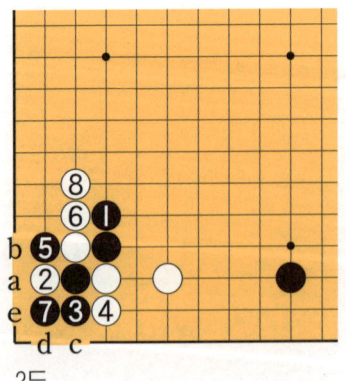

2도

2도 '맞끊음에는 한쪽을 뻗어라'이지만, 이런 모양에서는 흑1로 뻗음은 의문. 백8이 호수로, 자칫하면 백a 이하의 순서로 사활의 눈을 빼앗긴다.

170

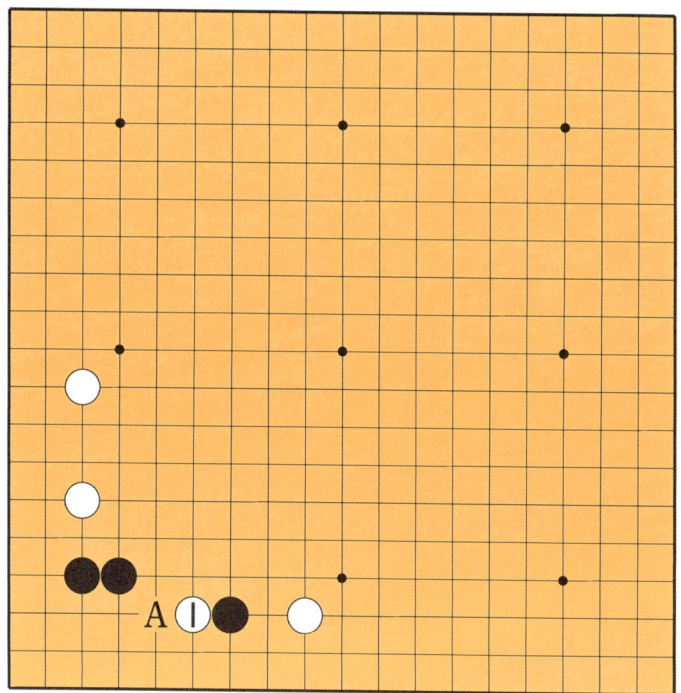

문제도

테스트 12   기본 ▶ 흑선

흑의 세력에 백1로 '옆붙임'하는 것도 상용의 맥이지만, A의 곳 뛰어듦에 비교하면 아쉽다는 느낌.

흑은 알기 쉽게 대응하는 요령이 필요한데, 그렇다 해도 껄끄러운 요소는 다분히 있어 요주의하기 바란다.

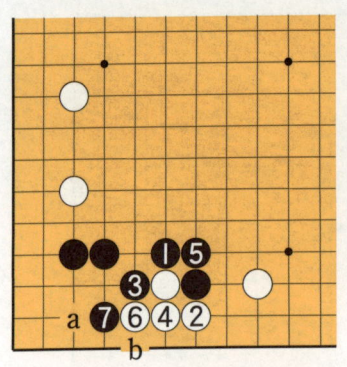

정해도

정해

▶ 흑1의 젖힘이 좋은 응수라면 백2도 정맥이다. 그런 다음 흑3, 5로 알기 쉽게 두는 게 정석. 백a는 흑b로써 버틴다. 흑1로써 3도 견실하다.

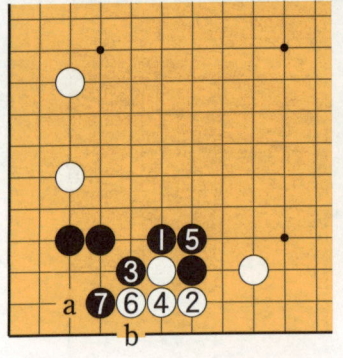

1도　　　　　　⑰ 따냄(1)

1도 백2일 때 흑3, 5로 정면 충돌하는 것은 의문. 백은 6 이하 교묘한 버림돌 작전으로 모양을 갖추는데, 바깥을 완전히 '싸바르고' 있어 백의 유리이다.

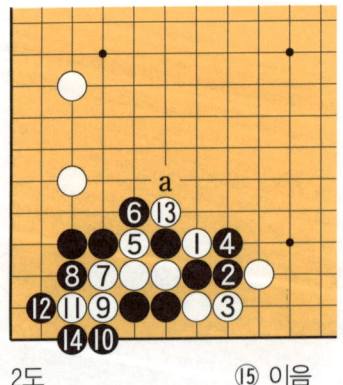

2도　　　　　　⑮ 이음

2도 앞 그림의 변화인데 백1, 3으로 아래에서 모는 것은 무리이다. 자연히 백15까지가 예상되는데, a의 축관계가 운명을 좌우한다.

172

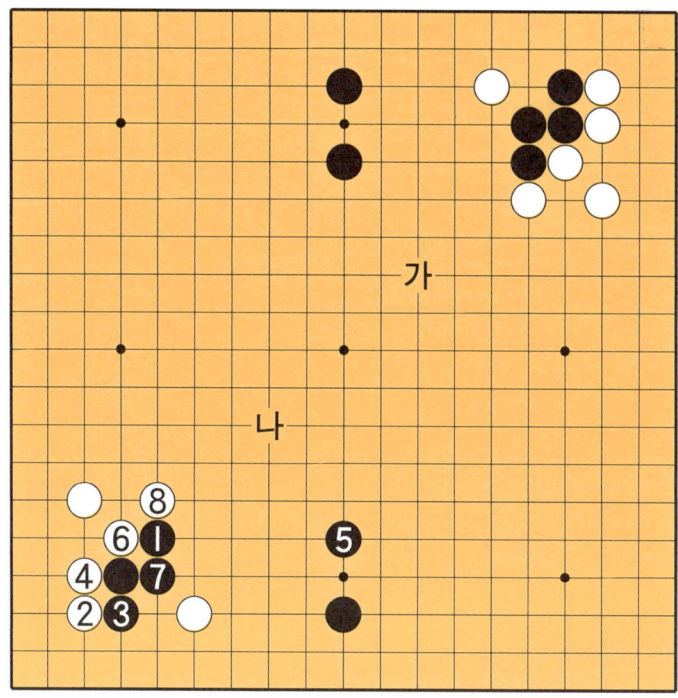

문제도

가 ▶   정석의 변형인데 언뜻 보아 흑의 모습이 뭉친 꼴이다. 다음의 한 수는 어떻게 둘까?

나 ▶   [개의 수순인데 정석형으로 되어 있지 않다. 흑은 어느 수를 잘못 두었는지 지적해 주기 바란다.

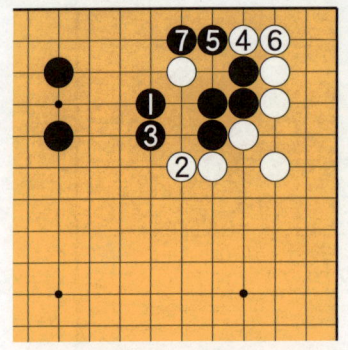

정해도

▶ 흑1의 뜀이 정수이다. 백은 2부터 6까지를 선수로 두어 일단락. 흑은 백 한 점을 잡았지만, 얻은 집이 작고 뭉친 꼴이라서 불만이다.

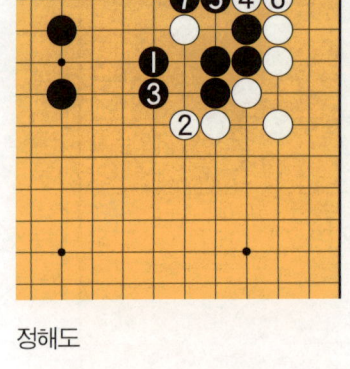

1도   ❾ 이음(2)

1도 대부분의 제1감은 흑1의 뜀일 테지만 백2, 4라는 절호의 맥이 성립되어 선수로서 흑의 모양이 침식된다. 흑의 반괴멸 상태라고 하겠다.

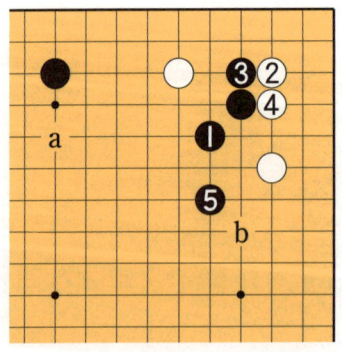

2도

2도 [문제도]의 흑5로써 이 그림 a의 곳에 두었기 때문에 백의 함정수가 생겼던 것이다. 정석은 흑5의 뜀이며, 다음 a와 b의 방면을 맞보기로 하여 둔다.

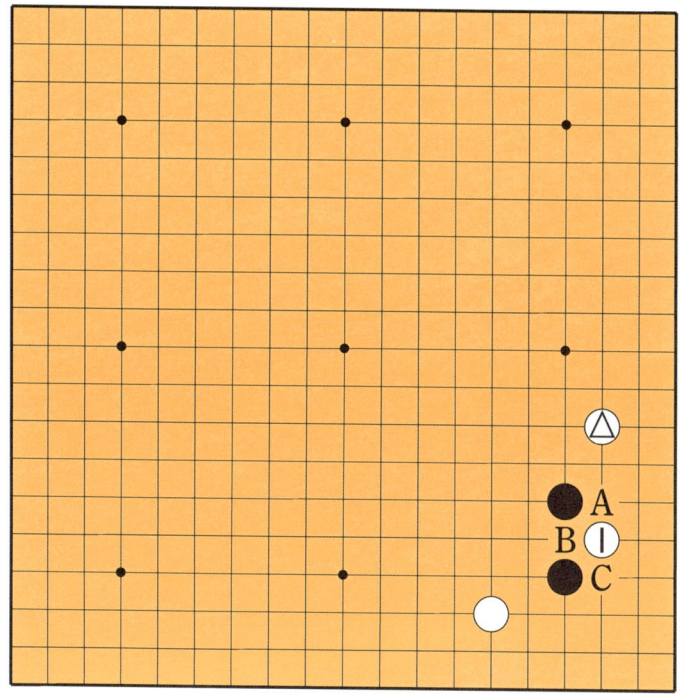

문제도

흑의 한 칸 뜀에 대해 백△의 걸침은 실전에서 매번 생기는 모양인데, 흑이 손을 뺀 상태에서는 백1로 들여다본다. 흑은 A, B, C의 응수가 생각되지만 기본 요령으로서 알아 두지 않으면 실패한다.

정수는 하나.

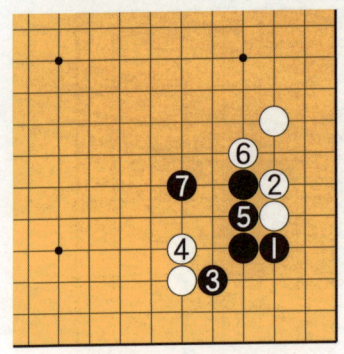

정해도

▶ 흑1의 누름은 귀를 지켜 빨리 안정할 경우의 정석이다. 백도 6의 호형을 얻지만, 흑은 실리를 갖고 안정된 것이 가치이다.

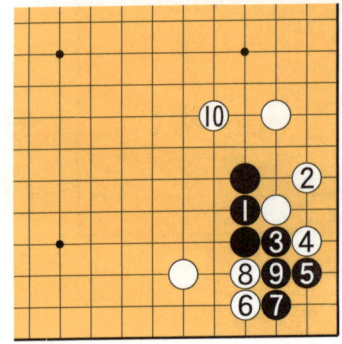

1도

1도 흑1의 이음은 두텁다기보다 무거운 느낌이 드는 착상. 이유는 백2 이하 10까지의 진행을 가정하면 흑은 한 눈밖에 없기 때문이다.

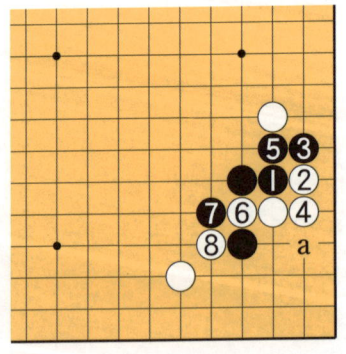

2도

2도 흑1로 바깥부터의 누름은 무모한 수이며 전형적인 함정형이다. 백8까지 괴멸이다. 흑3으로 6은 백a로서 1도와 비슷한 모양이 된다.

176

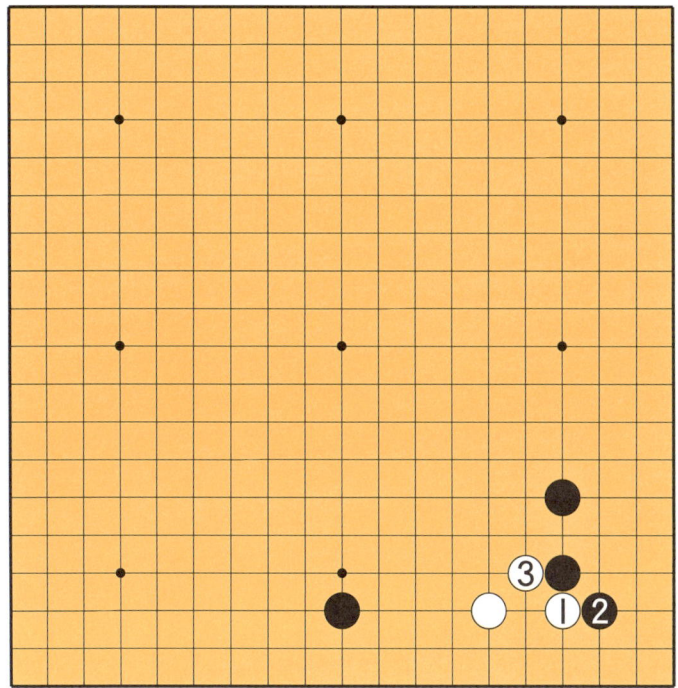

문제도

　백1의 붙임은 패를 이용하여 빨리 안정하자는 수단이다. 상수는 갖가지 실전 심리의 미묘함을 찌르므로 흑은 공연히 위축되면 백의 계략에 빠진다.

　냉정히, 그것도 당당히 맞서는 응수를 들어 보면?

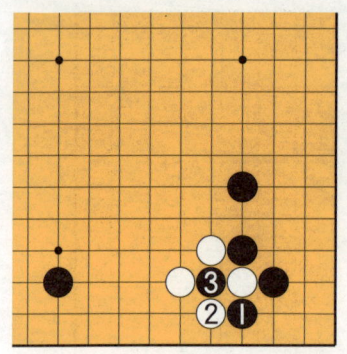

정해도

정해

▶ 흑1로 젖혀 패를 겁내지 않는 태도가 최선이다. 백2엔 흑3으로 패를 따내고 나서 '만패불청'으로 해결하는 요령. 백의 무리는 분명해진다.

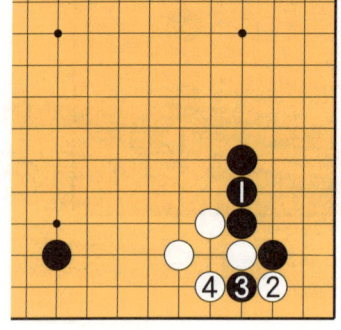

1도

1도 흑1은 '고전 정석'인데 현대에선 약간 느슨하다고 하여 위 그림이 장려된다.

백에게 2, 4의 패를 거는 찬스를 부여하는 것은 어쩐지 으스스하다.

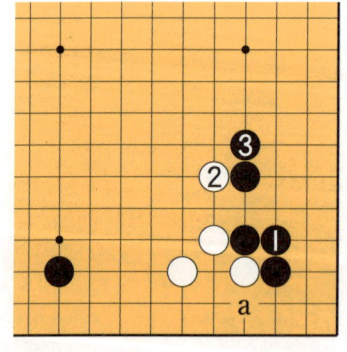

2도

2도 흑1의 이음은 실전에서 많이 보는 수인데 선수를 빼앗겨 이것은 함정이다. 나중에 흑a로 단수해도 가벼운 모양이라 백은 해결하기 쉽다.

178

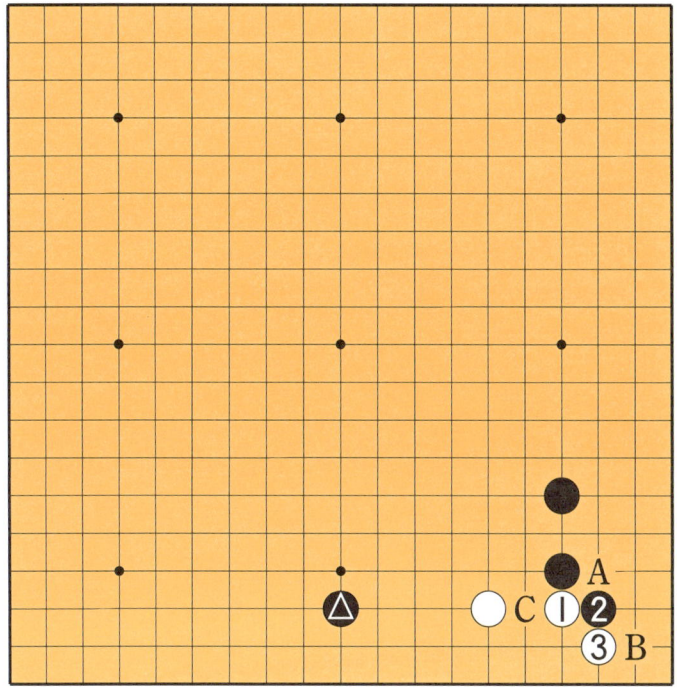

문제도

기본 ▶ 흑선

백1, 3의 '2단젖힘'은 수습의 상용 수단이다. 그 목적은 빨리 안정하는 데 있지만, 보통의 경우는 발이 느리다고 여겨진다.

흑은 A, B, C 등이 생각되는데, ▲의 협공을 활용하여 대국적인 구도를 그려 보기 바란다.

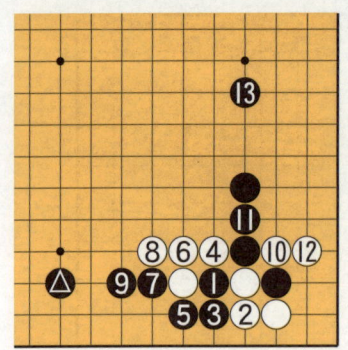

정해도

▶ 흑1, 3으로 뚫고 나가는 정석이 옳으며 ◢를 살리는 구상으로 연결된다. 백4에는 이하 흑13까지, 귀는 살려 주어도 중앙에서 주도권을 잡는다.

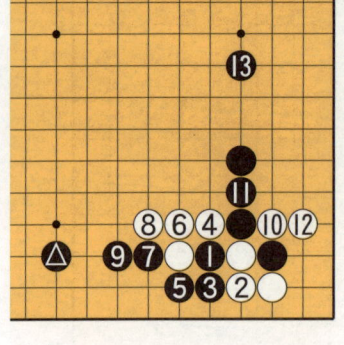

1도

1도 흑1의 2단젖힘은 정맥이지만 흑5까지의 정석을 그려 보면 백6으로써 간단히 안정되고 만다. 즉 ◢의 움직임이 둔화되어 아쉽다.

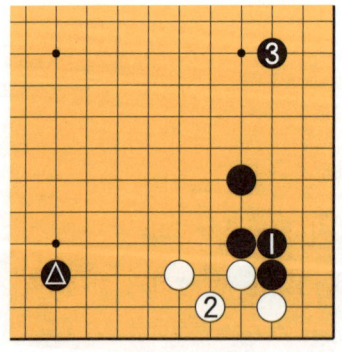

2도

2도 흑1의 이음은 알기 쉬운 정석이지만, 백2의 선수로 안정되고 말아 함정이라 할 수 있다. ◢의 협공이 쓸모없게 되었기 때문이다.

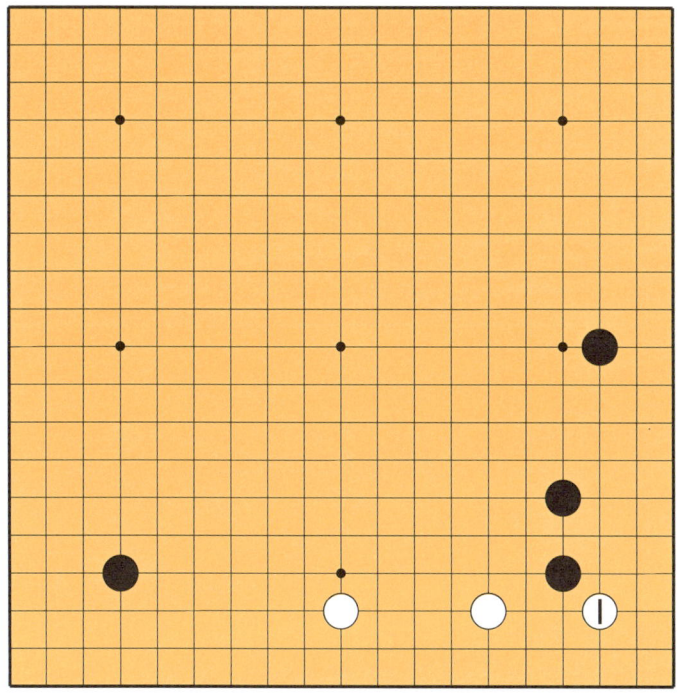

문제도

실전에서 흔히 생기는 구도. 백1로 귀에 뛰어 들었다.

여기서 흑은 백을 분단시켜 둘 것인가, 건너감을 허용하는 게 좋은가, 작전의 갈림길이다.

어느 정석의 선택이 알맞은가, 우선 포석부터 판단해 주기 바란다.

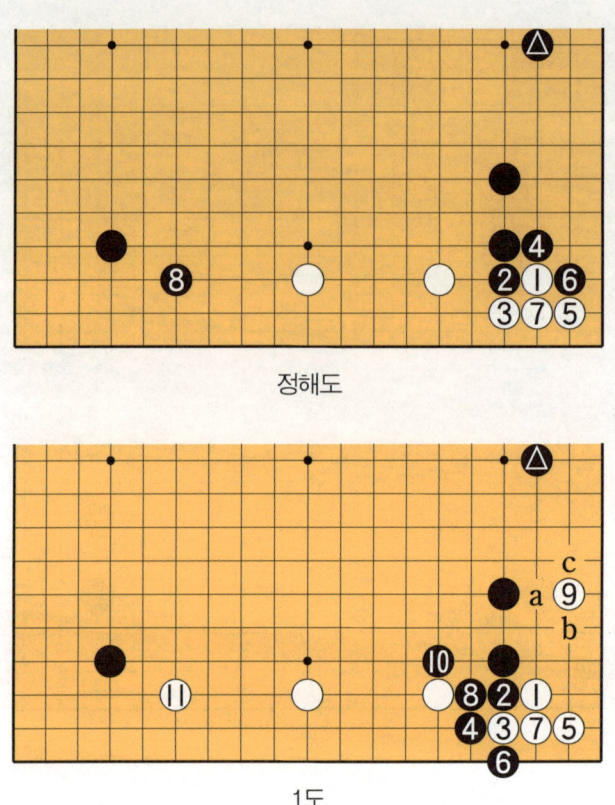

정해도

1도

정해

▶ 이 구도에선 ◬의 벌림이 정석 선택의 근거가 된다. 백7까지 건너가게 하는 정석이 적절하며, 이 결과는 ◬가 안성맞춤으로 위치하여 능률적이다.

1도 백을 분단하자면 흑10까지가 정석이지만, 백11로 가면 흑은 구축한 세력의 활용을 하지 못하게 된다.

그리고 귀는 흑a, 백b, 흑c로 정리하더라도 ◬의 능률이 떨어진다.

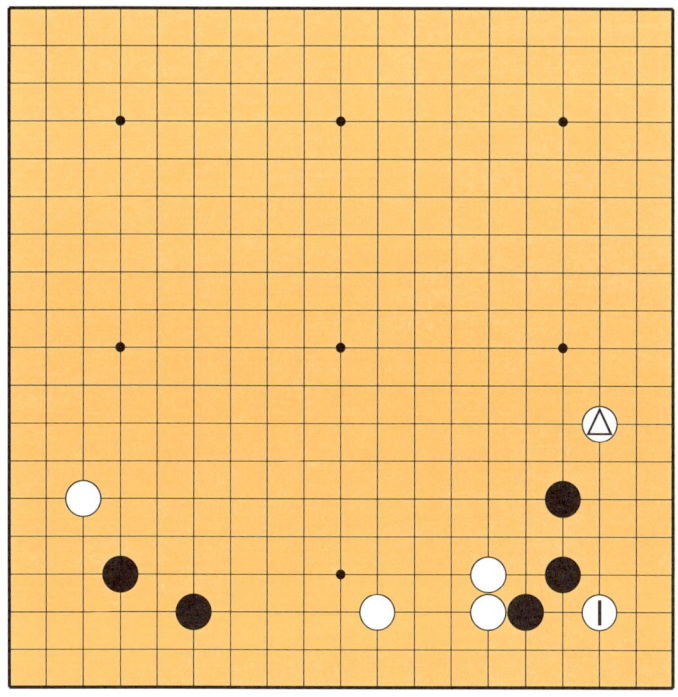

문제도

실전 ▶ 흑선

화점의 한 칸 뜀에서 이런 모양이 곧잘 생긴다. 백1로 뛰어들어 흑의 근거를 빼앗아 왔는데, ◬가 중요한 역할을 담당하고 있다.

흑은 재빨리 삶의 형태로 만드는 게 요령인데, 바른 대응책을 들어 보기 바란다.

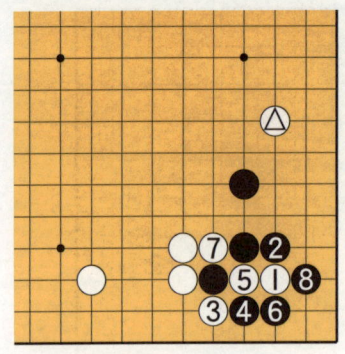
정해도

▶ 흑2로 누른 다음 이하 흑8까지 되는 정석을 취하는 게 바른 대책. 이것으로 흑은 완전히 살아 있으므로, △의 돌은 무력해진 셈이다.

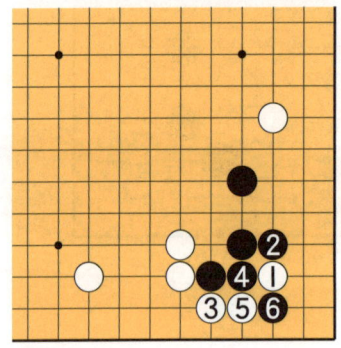
1도

1도 흑2로부터 6까지도 정석이지만 이 경우는 바른 정석 운용이랄 수 없는 것이다. 즉 앞 그림에 비해서 흑의 모습이 불안정하다.

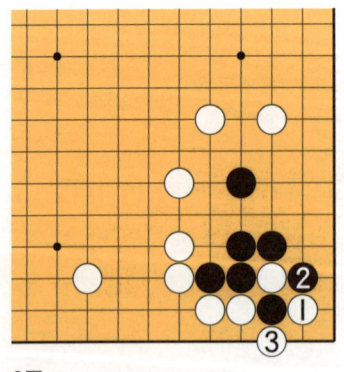
2도

2도 앞 그림의 정석은 이와 같이 백에게 봉쇄되면 백1, 3으로 눈모양을 빼앗긴다. 백은 항상 이런 '패맛'을 노림수로 하므로 바둑이 어려워진다.

184

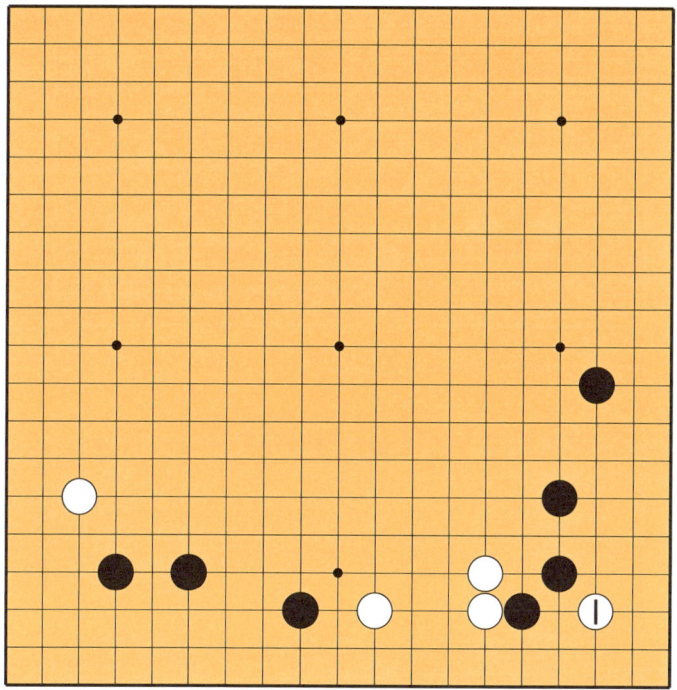

문제도

　앞 그림의 응용 문제인데, 이런 포석은 흑의 세력이 강하게 지배하고 있음을 주목하자. 백1로 뛰어 들었는데 흑은 어떻게 받는 게 좋을까?

　귀의 연구로써 중요한 포석의 요령이 기대된다.

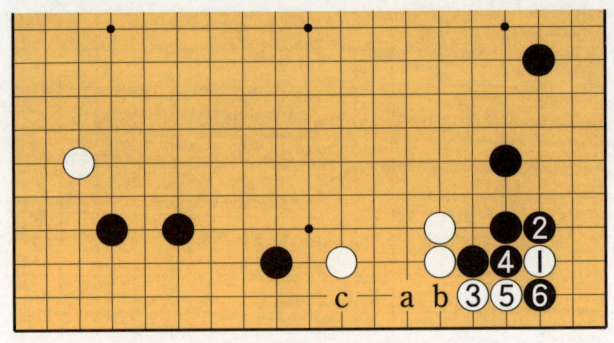

정해도

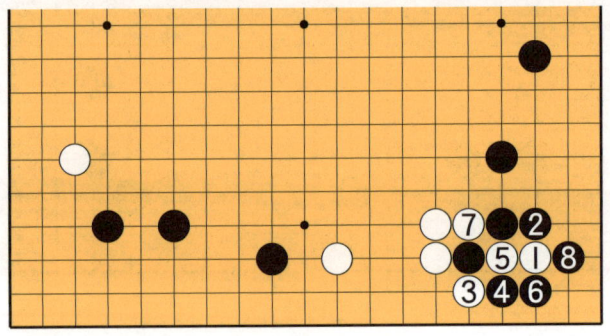

1도

정해

▶ 이 경우는 흑2 이하 6까지의 정석이 정답이다. 이유는 이 다음 흑은 a의 곳을 들여다보고 백b, 흑c로 건너가 백을 뿌리째 공격하는 노림수가 유력해지기 때문이다.

1도 흑2 이하의 정석을 취하는 것은 실패로서 포석에 대한 판단을 그르치고 있다. 백은 선수로서 두터운 모양이 되므로, 흑은 공격할 노림수를 잃게 된다.

이것이 앞 문제와의 차이임을 주목하기 바란다.

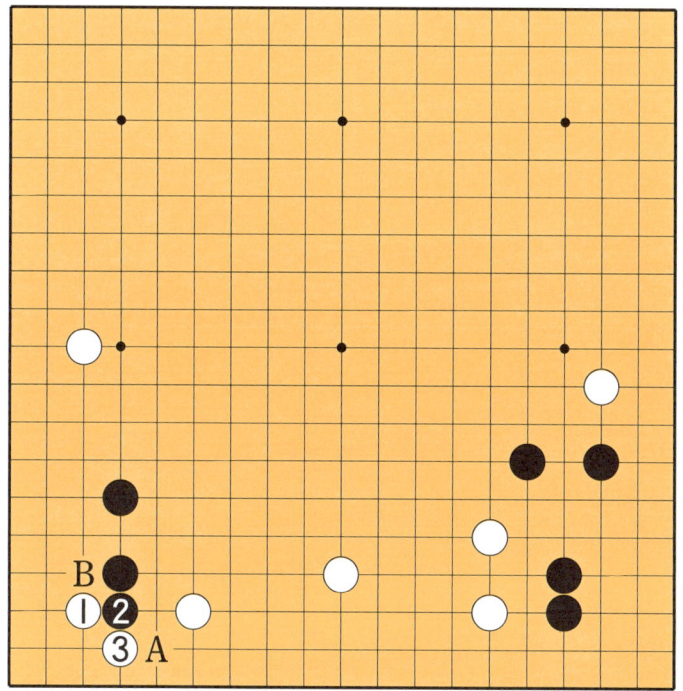

문제도

정석을 배웠다면 포석과 관련지어 그 활용을 연구하지 않으면 안된다.

백이 귀에 뛰어들어 흑의 근거를 빼앗으러 왔지만 흑은 A, B의 어느 쪽부터 막는 게 옳을까?

양쪽 모두 정석이지만, 배석(配石)을 고려하여 결정한다.

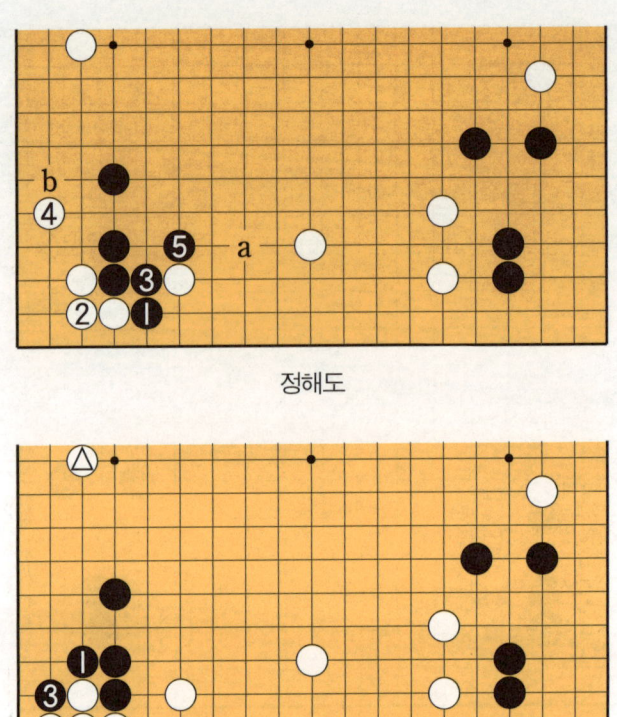

정해도

1도

정해

▶ 흑1의 막음이 정수. 백2, 4로써 귀는 침략을 받았지만 흑5로 젖혀 두면 하변의 백모양이 한결 엷어져 충분한 태세이다. 다음에 흑은 a, b가 호점.

1도 흑1의 막음은 70점. 백2로 건너가면서 이것으로 모양도 강화되었다. 흑은 삶을 꾀할 수밖에 없는데 △가 활동하고 있어 믿음직하지 않은 모습.

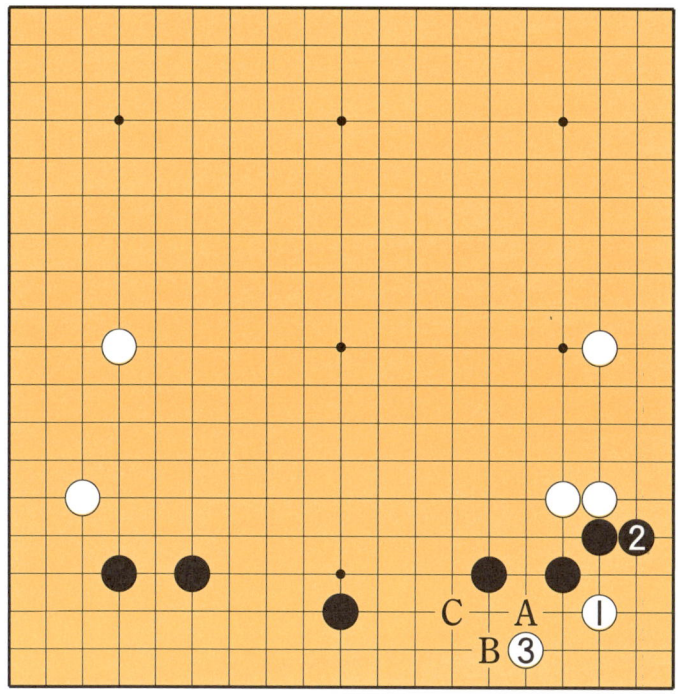

문제도

단지 정석이기 때문이라는 이유로 곧이 곧대로 믿었다가 실전에서
큰 낭패를 당하기도 한다.

백1의 뛰어듦부터 3의 날일자로 달렸는데 흑의 응수는 A, B, C
중 어느 쪽이 정수일까? 실전이라 생각하고 해결하기 바란다.

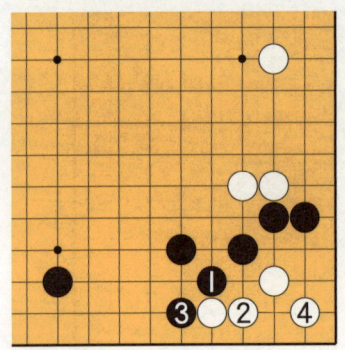

정해도

▶ 흑1이 정맥이다. 백2라면 흑 3의 막음으로써 백4가 필요하다. 흑은 선수로 호형을 만들어 성공 이다.

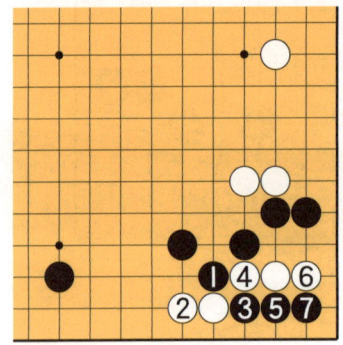

1도

1도 흑1에 대해 백2로 나오는 것은 흑3으로 차단되어 안 된다. 흑7까지로 귀의 백돌이 잡힌다면 백의 위기이다.

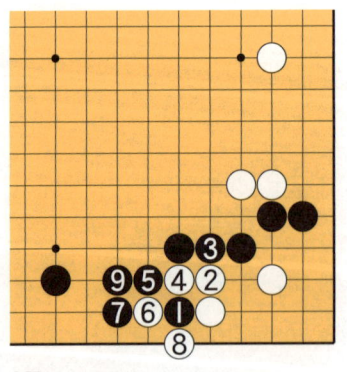

2도

2도 흑1의 뛰어붙임은 무리로 서 70점의 착상. 흑9까지 백은 선 수로서 삶. 흑1로써 5는 60점이다.

190

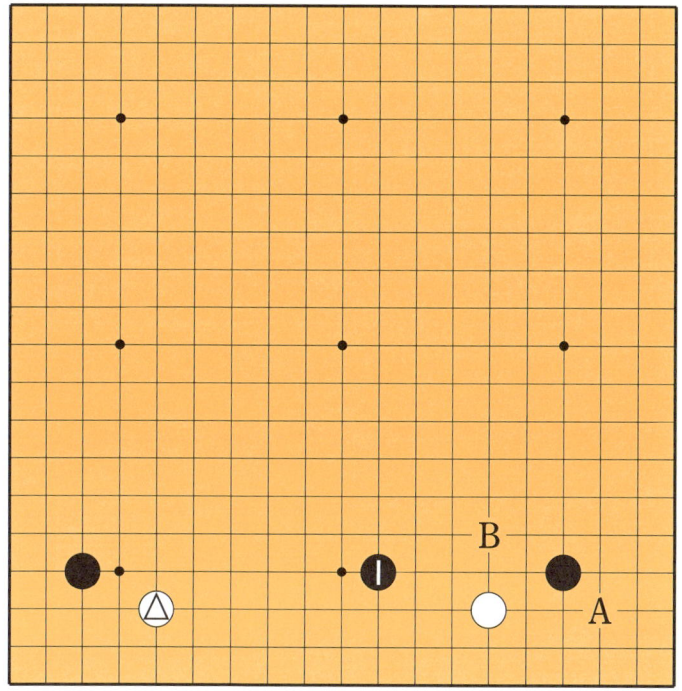

문제도

테스트 22   실전 ▶ 백선

흑1로 두 칸 높은 협공을 하여 백의 응수를 물었다. 백은 A, B의 어느 쪽을 선택하는 게 바른 정석이 될까?

'동쪽을 두고 싶을 때는 서쪽을 두라'라는 격언이 있지만, 흑은 ⚠에 조준을 맞춰야 한다.

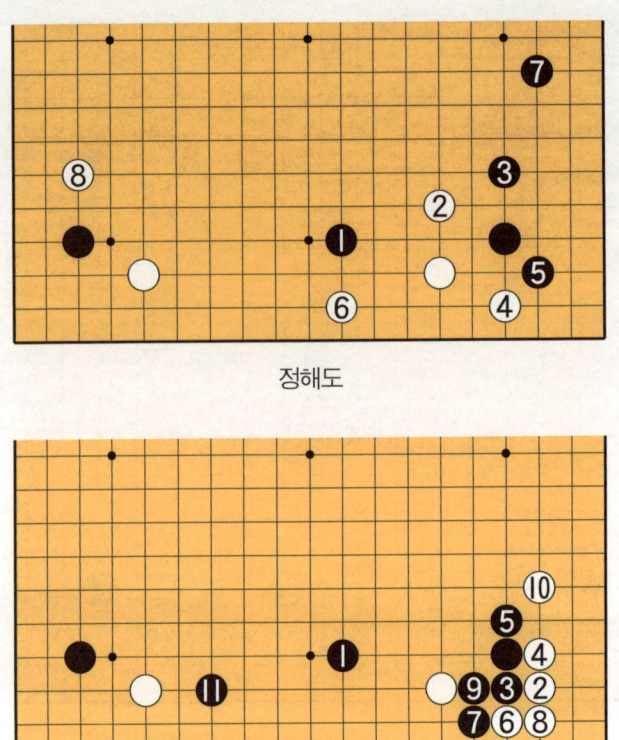

정해도

1도

정해

▶ 백2에 뛰어나간 다음 흑3을 기다려 백4, 6으로 달리는 정석을 그리는 게 올바른 판단이다.

흑7이라면 백8의 협공으로 가서 흑1의 주문을 차단한다.

1도 백2로 3·三에 들어가는 정석은 곤란하다. 백10까지 되었을 때 오히려 흑11의 공격으로 가는데, 이는 흑1의 주문이 성공. 앞 그림과의 차이는 역력하다.

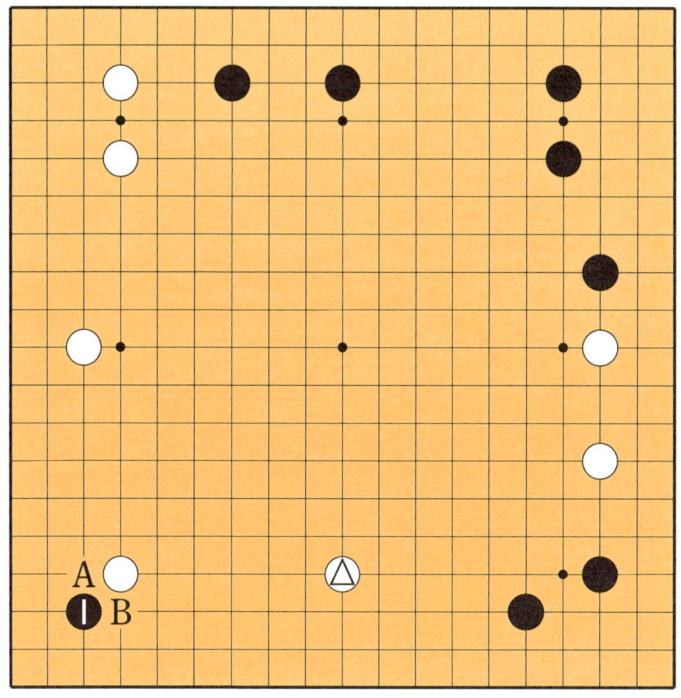

문제도

백이 하변 ⚠에 전개한 상태이다. 이른바 양날개의 포진인데, 흑1
의 3·三을 허용한 백은 A, B의 어느 쪽부터 누르는 게 올바른 방
향일까?

⚠는 화점과 화점 아래의 차이가 있는데, 이런 차이가 중요한 요
인이 된다.

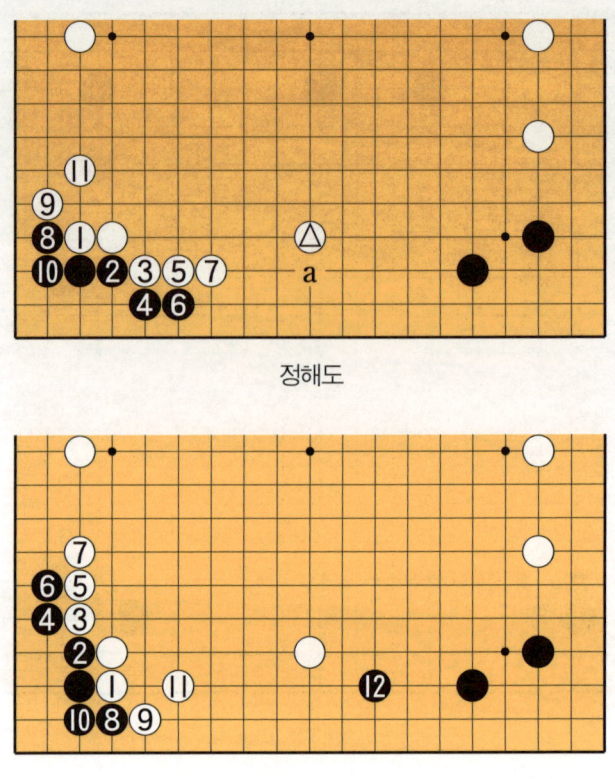

정해도

1도

정해

▶ 백1로 넓은 쪽에서 누르는 게 정수이다. 흑2 이하 백11까지의 기본 정석대로 된다고 볼 때 백의 모양은 웅대해진다.

여기서 △가 높은 것은 낮은 a보다 낫다.

1도 백1의 막음은 방향이 거꾸로이기 때문에 안 된다. 앞 그림과 같은 모양을 예상했을 때 흑12의 다가섬이 돋보인다. 모양의 크기에서 큰 차이가 있음을 이해해 주기 바란다.

194

5

호선 정석
기본 · 실전
테스트

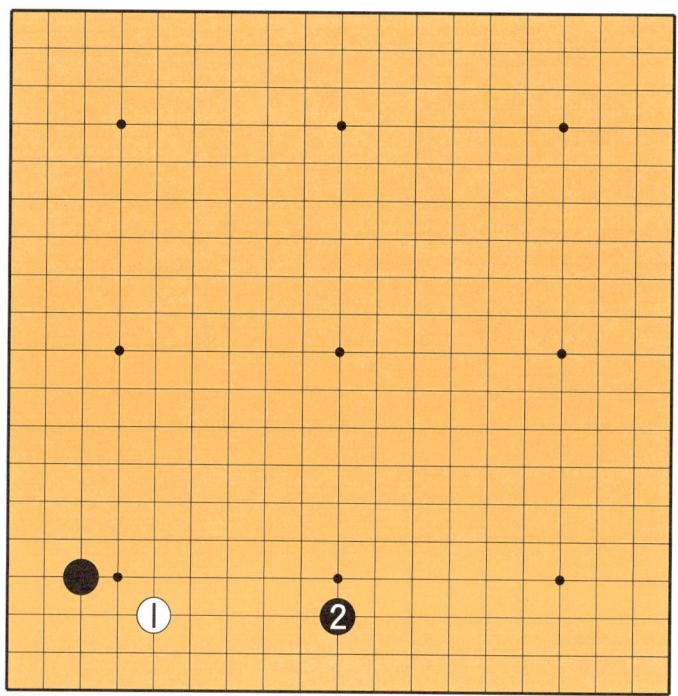

문제도

테스트 1   기본 ▶ 흑선

　협공에는 한 칸, 두 칸, 세 칸의 3종류가 있다. 이 세 가지는 적을 공격할 경우에 각각 완급의 차이가 있으므로 포석의 국면 구성에 따라 활용된다.

　백1에 대해 흑2를 협공이라 하지 않는 이유를 들어 보면?

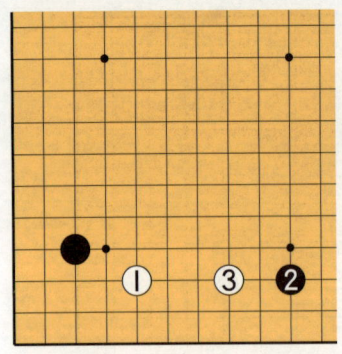

정해도

▶ 협공은 문자 그대로 좁혀서 공격하는 것인데, 흑2는 백3으로 벌려 오면 백1이 안정되어 흑으로선 공격의 목적을 달성하지 못하게 된다.

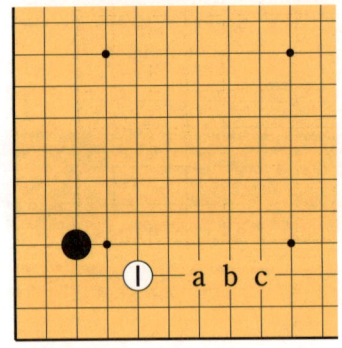

1도

1도 협공은 흑a의 한 칸이 가장 매섭다. 흑b의 두 칸은 한 칸과의 구별이 어렵다. 흑c의 세 칸은 오른쪽 귀와의 관계상 활용이 넓다.

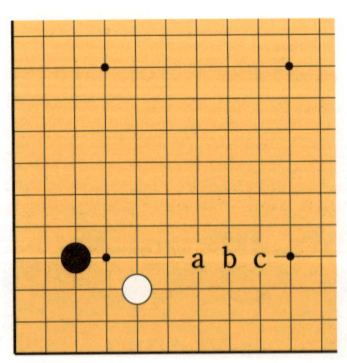

2도

2도 흑a, b, c의 높은 협공은 1930년 이후에 개발된 타입인데, 오른쪽 귀와의 조화를 유지한다는 데 의미가 있으며, b의 두 칸이 가장 많이 사용된다.

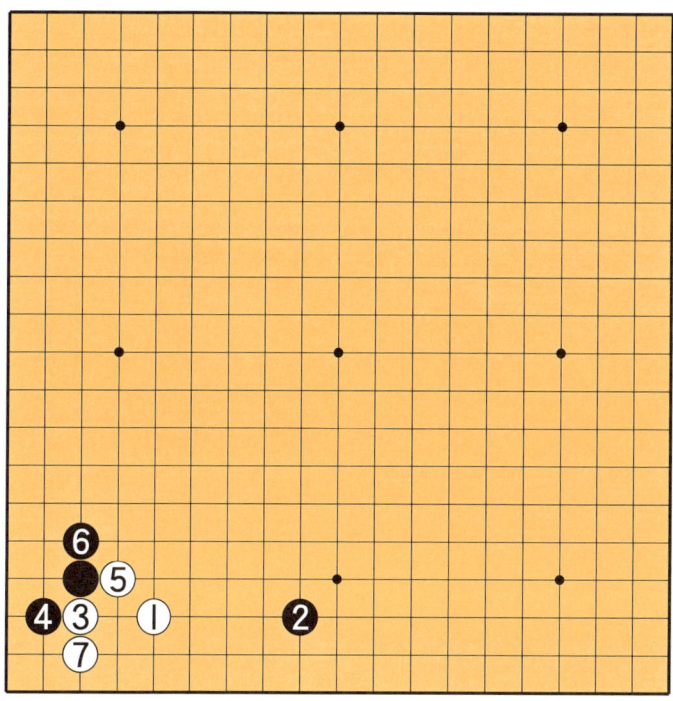

문제도

세 칸 협공은 온건한 수법으로서 호선 바둑에서 많이 사용되고 있지만 변화가 많은 정석이다.

백3으로 3·三에 붙이는 것은 빨리 안정할 때의 수법이며, 백7까지는 상형.

다음에 흑의 응수는 세 가지가 있는데 착점을 제시해 보면?

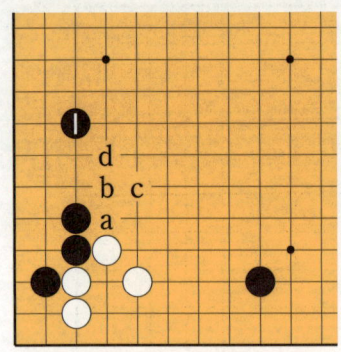

정해도 1

정해 1

▶ 흑1로 두 칸의 벌림은 세 칸 협공의 기본 정석이다. 이 다음 백a, 흑b, 백c, 흑d가 백의 권리로서 약속된다.

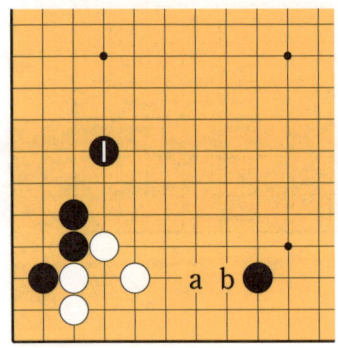

정해도 2

정해 2

▶ 흑1로 높게 날일자로 받는 것도 정석. 그리고 이 날일자 받음은 a의 한 칸 협공, b의 두 칸 협공에서도 사용되므로 응용 범위가 넓다.

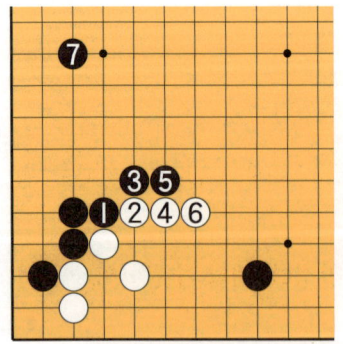

정해도 3

정해 3

▶ 흑1 이하는 특수 정석인데, 이런 모양은 7의 벌림이 협공을 겸할 경우 유력해진다.

지금까지의 세 타입을 포석에 따라 응용하는 게 기술이다.

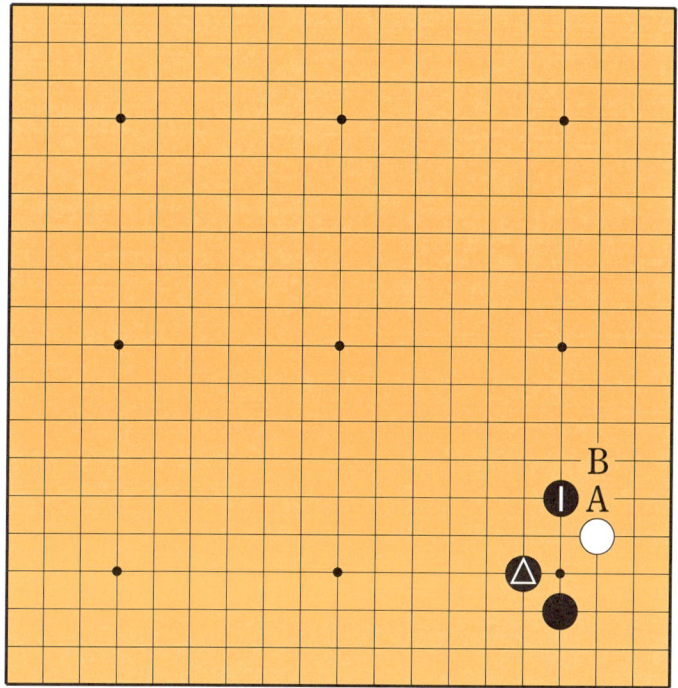

문제도

테스트 3　기본 ▶ 백선

　🔴의 마늘모에 백은 손뺌하는 예가 많지만, 그러면 흑1로 씌우는 수가 있다.

　여기서 백은 A의 곳이나 B의 어느 쪽으로 받는 게 옳을까?

　모르면 이용당할 수 있는데 의외로 모르는 사람도 있다.

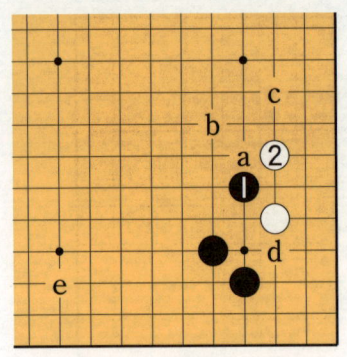

정해도

정해

▶ 백2의 뜀이 가벼운 수로 이 모양에서의 정석. 다음은 흑a, b 등 위쪽에서 압박하든지, c, d 등 측면에서 육박하든지, e의 곳 등 하변으로 전개한다.

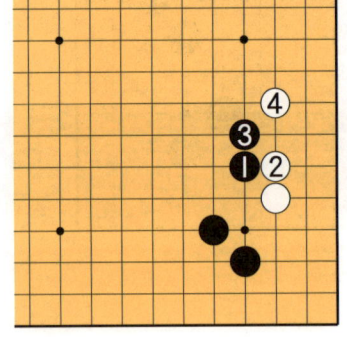

1도

1도 백2로 기고 흑3일 때 백 4에 뛰는 것은 정석을 모르는 사람이 두는 수순으로 악수이므로 요주의. 초단 이상이 이런 수를 둔다면 조롱을 당한다.

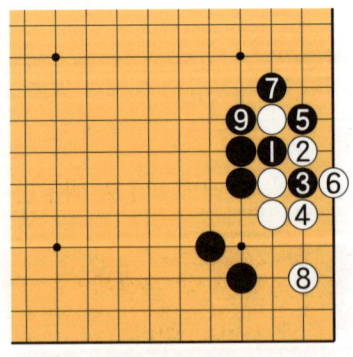

2도

2도 앞 그림이 나쁜 이유이다. 흑이 1, 3으로 나와 끊어 백이 곤란하다. 백4로 잡으면 흑5부터 9 까지가 예상되며, 흑은 두터움을 자랑한다.

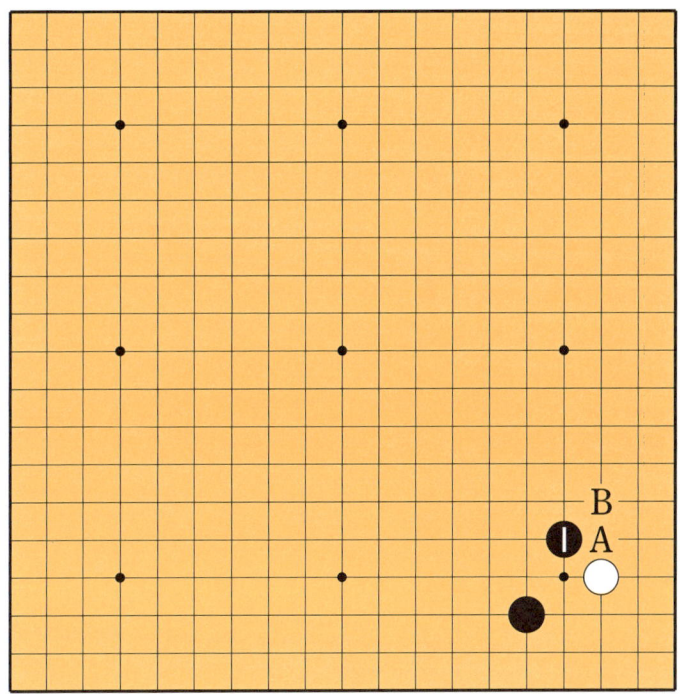

문제도

테스트 4   기본 ▶ 백선

이번에는 외목에 대한 대항이다. 앞 문제와 틀리기 쉬운 모양이므로 주의하기 바란다.

흑1의 씌움은 이를 바탕으로 하변부터 중앙에 세력을 펼치려는 수인데 A, B의 어느 쪽으로 받는 게 정석일까?

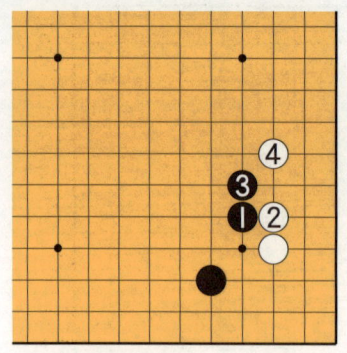

정해도

정해

▶ 외목에서의 씌움엔 백2로 한 번 민 다음 4로 뛰는 게 정석이라고 명심하자. 앞 문제와 혼동하면 조롱 정도로 끝나지 않는다.

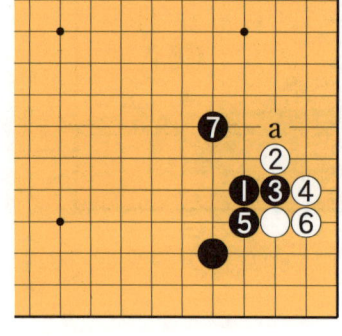

1도

1도 상당한 실력 소유자도 태연히 백2로 뛰고 있지만 이는 악수. 흑3, 5가 호수이며 백6일 때 흑7로 날일자한 다음 a의 곳을 노린다.

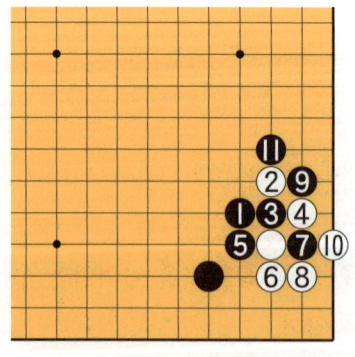

2도

2도 백6은 악수이다. 흑7의 끊음이 수순이며 백8이라면 흑9, 11로써 축으로 잡는다. 백8로써 9는 흑8로 백 두 점을 잡아 성공이다.

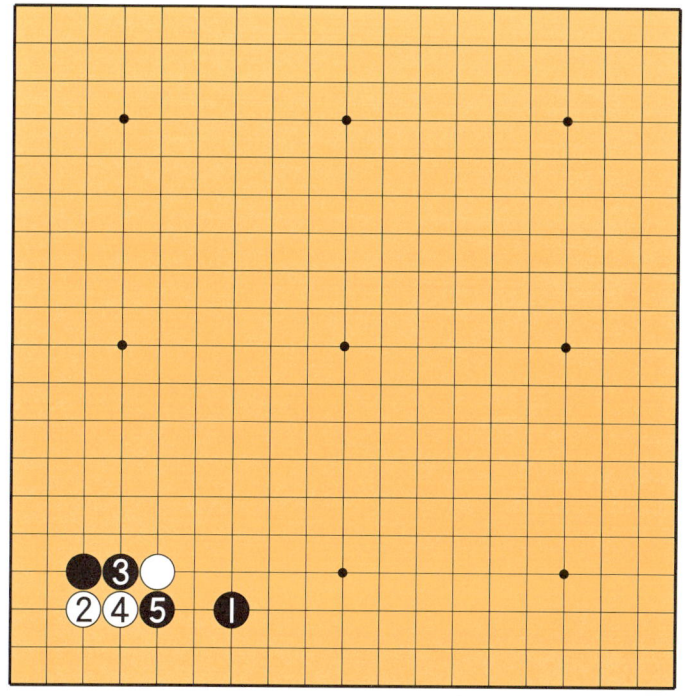

문제도

정석에는 자주 기수(奇手), 함정수 따위가 나타나 곤란한 일이 생긴다.

흑의 소목에 백이 한 칸 높은 걸침하여 생기는 형인데, 흑3, 5는 상식밖의 수법으로 맥은 나쁘지만 축이 좋다면 유력하다.

백은 흑의 속수를 어떻게 책망할까?

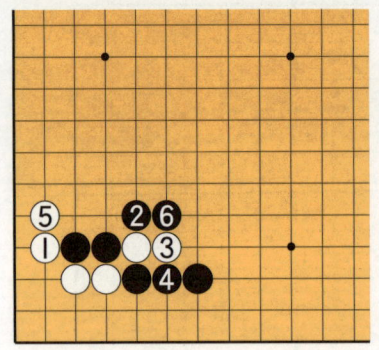

정해도

정해

▶ 백1의 젖힘이 정답. 흑2, 4의 정맥에는 백5로 뻗어 둔다. 흑6의 축으로 몰고 나서 백은 축머리를 이용하게 된다.

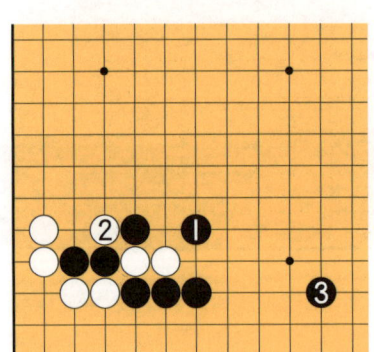

1도

1도 흑은 축이 나쁘다면 1의 씌움인데 백2로서 물론 백 유리이다. 결론적으로 흑은 축이 불리하다면 [문제도]가 성립되지 않는다.

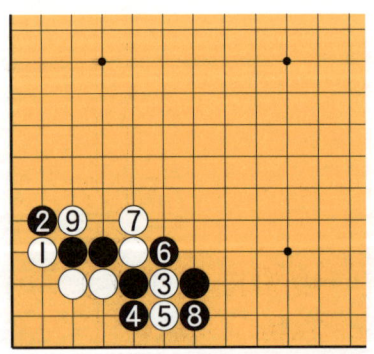

2도

2도 백1의 젖힘에 흑2로 막으면 이하 9까지 바꿔치기는 필연. 백3, 5가 포인트로서 문제없이 백이 유리하다.

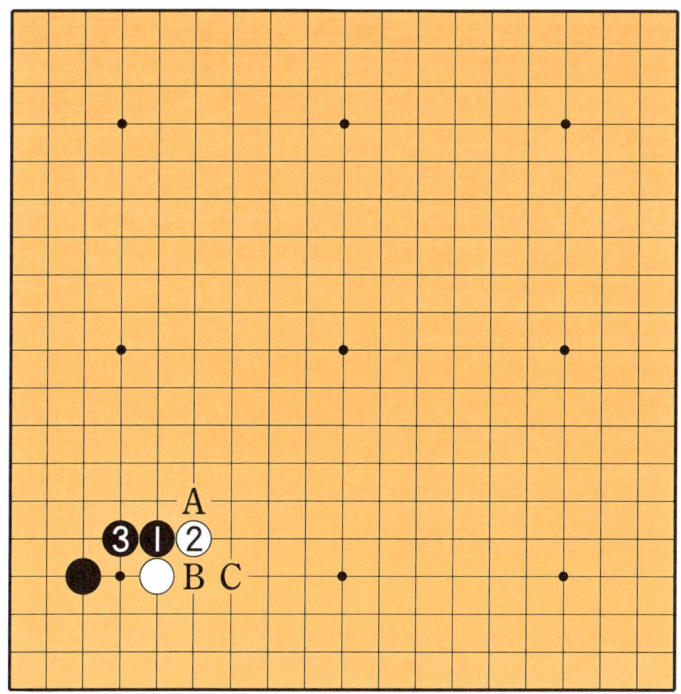

문제도

테스트 6 기본 ▶ 백선

　흑의 소목에 대한 백의 한 칸 높은 걸침은 귀의 실리보다 중앙에
대한 발전을 중시한 수법이라 하겠다.
　흑1, 3은 현대의 유행인데 다음에 백이 둔다면 A의 뻗음, B의 이
음, C의 호구 이음 중 어느 것이 가장 좋을까?

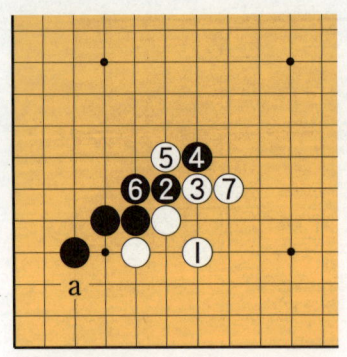

정해도

정해

▶ 백1의 호구 이음이 차후 a의 붙임을 노리고 있어 최선의 응수이다. 흑2, 4의 2단젖힘이 매서운 수법으로 백7까지가 대표적 정석이다.

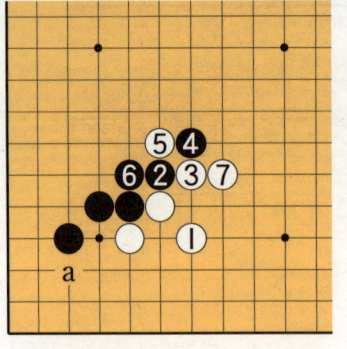

1도

1도 백1은 특별한 경우가 아니면 잘 두지 않는다. 흑2의 마늘모 다음 백의 응수가 어렵다. 백3엔 흑4가 절호. 백3으로써 a는 흑b, 백c, 흑d로 흑이 두터운 모습이다.

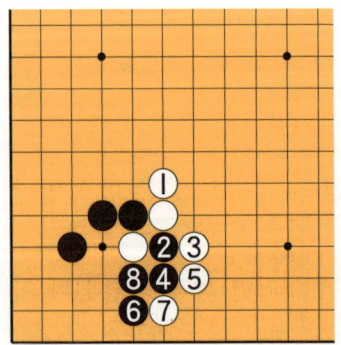

2도

2도 백1의 뻗음도 있지만 흑2로 끊겨 실리의 손해가 크다. 어지간히 큰 모양을 구축하기 전에는 둘 수 없다.

208

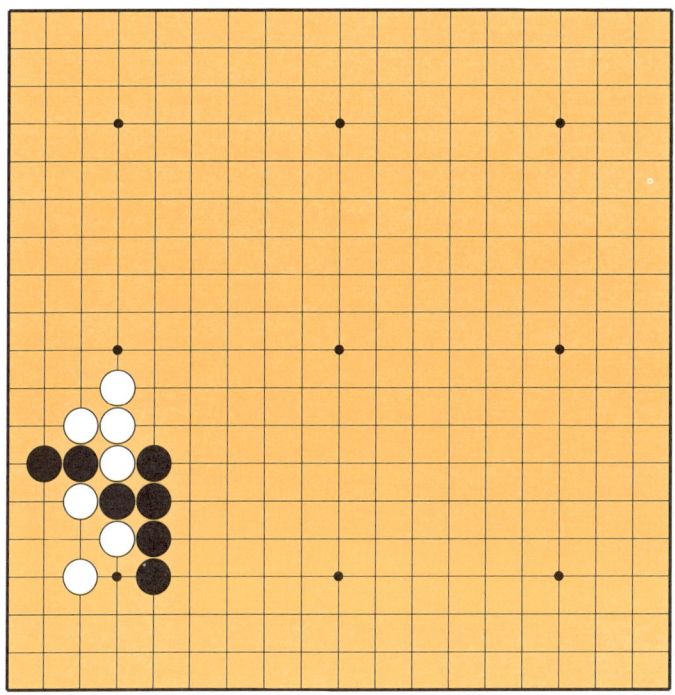

문제도

고목 정석의 변형인데 백이 무리하게 흑 두 점을 잡으러 오면 이런 모양이 생긴다. 돌을 잡아도 도무지 이익이 되지 않는다는 본보기인데, 흑은 두 점을 어떻게 버림돌로 활용하느냐 하는 게 포인트, 그 수단은?

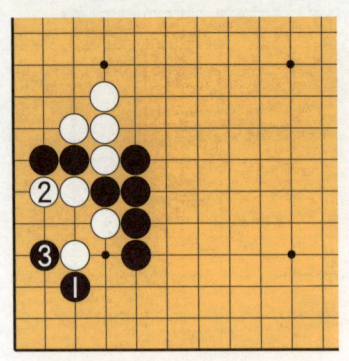

정해도

▶ 흑1의 붙임이 정맥. 백2로 응수할 수밖에 없고 다음 흑3으로 조인다. 흑은 실리와 외세를 모두 얻어 사석 작전 성공.

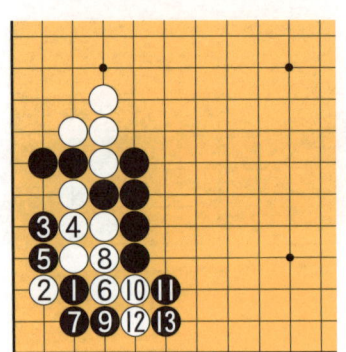

1도

1도 흑1에 백이 자칫 2로 젖히든가 하면 흑3의 귀수(鬼手)가 생겨 괴멸한다. 흑13까지 '빈축(공배가 있는 축)'에 걸린다.

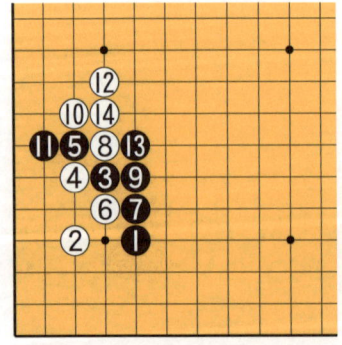

2도

2도 [문제도]의 성립 수순.

백4는 축이 유리할 때의 수법. 백6, 8은 속맥으로 백은 흑 두 점을 잡았다고 기뻐하는 순간 실패이다.

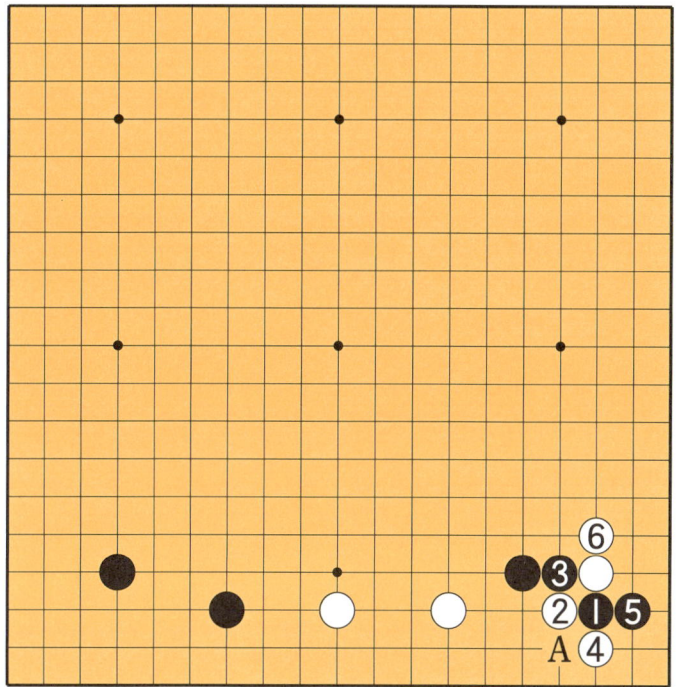

문제도

테스트 8 기본 ▶ 흑선

　고목 정석의 변형인데, 흑1로 붙였을 때 백은 2의 젖힘으로 반발하여 6까지의 취향으로 두었다.

　언뜻 보아 백의 수법엔 무리가 느껴지는데, 흑은 단숨에 대세를 이롭게 하는 진행이 있다. 백의 약점은 A의 곳.

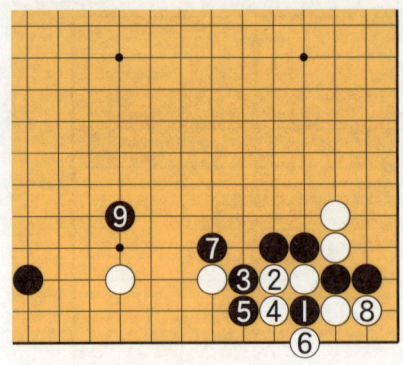

정해도

▶ 흑1의 끊음부터 귀를 버림돌로 활용하여 7까지가 호수순이다. 흑9로써 성공의 구도.

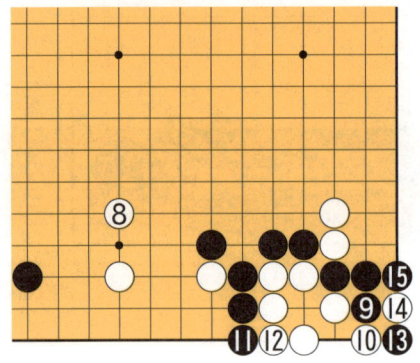

1도

1도 앞 그림의 백8로써 보기처럼 변화하는 것은 흑 9 이하의 수단으로 패가 생긴다. 아무튼 백이 고전.

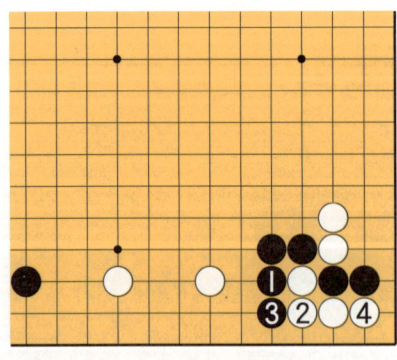

2도

2도 평범하게 흑1, 3으로 결정짓는 것은 백의 주문대로, 흑의 모습이 무거워서 안 된다. 50점의 발상.

212

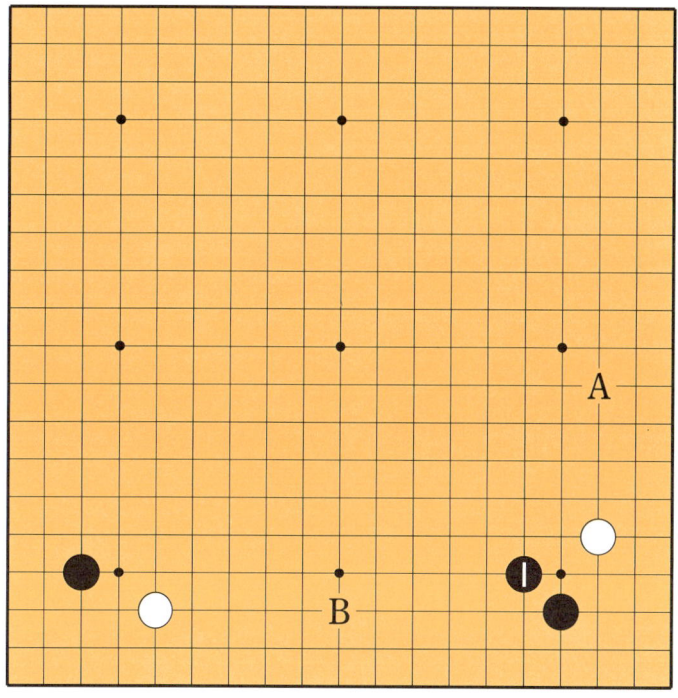

문제도

이런 모양으로 대항하는 포석은 곧잘 생긴다. 흑1로 마늘모하여 백으로부터 이곳에 씌워오지 못하도록 하는 것은 급소이다.

여기서 백은 A, B의 어느 쪽으로 벌림을 택해야 할까? 중요한 작전의 갈림길이므로 이유를 들어 보기 바란다.

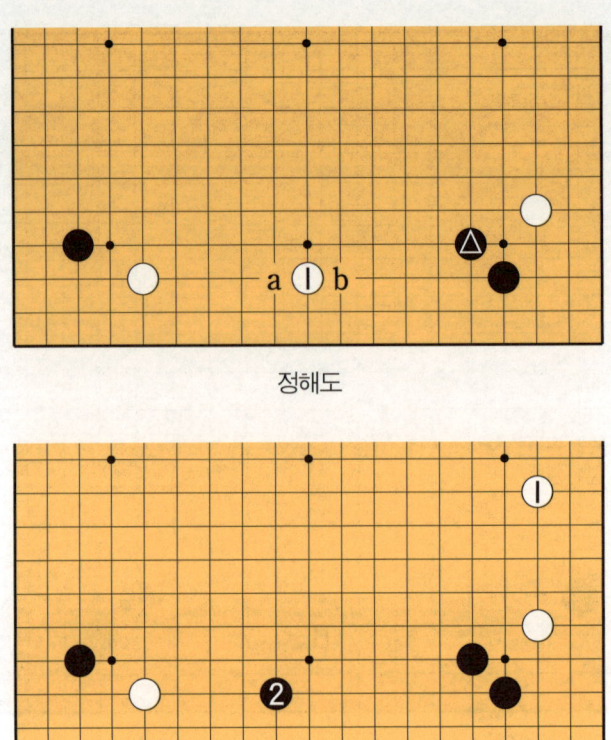

정해도

1도

정해

▶ 먼저 좌하귀의 배치에 주목한다. 그래서 ❷에 대해선 백1로 하변의 벌림을 택하는 게 확정적이 되는 것이다.

백1은 a, b도 성립되지만 어쨌든 초점은 하변이다.

1도 백1로 우변에 벌리는 것은 재빨리 협공을 겸한 흑2를 두어 흑의 이상형이 된다.

결국 백 실패의 구도인데, 이 그림을 피한 **정해도**의 정석이 돋보인다.

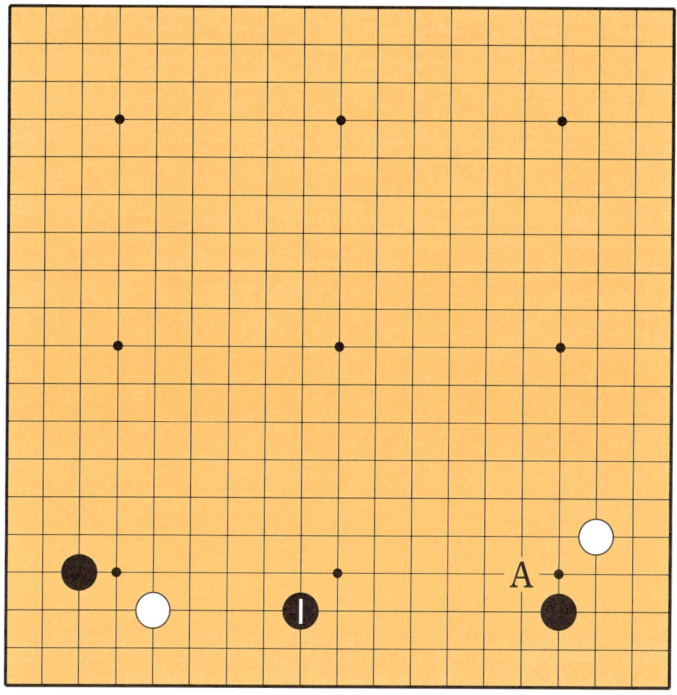

문제도

　앞 문제의 참고 예제. 흑A의 마늘모를 두면, 앞 페이지의 **정해도**
처럼 하변의 요점을 백에게 빼앗기고 만다.
　그래서 그림처럼 직접 흑1로 협공해 왔다. 이는 포석 이론에 어긋
나는 수인데, 백은 어떻게 응징하는 것이 좋을까?

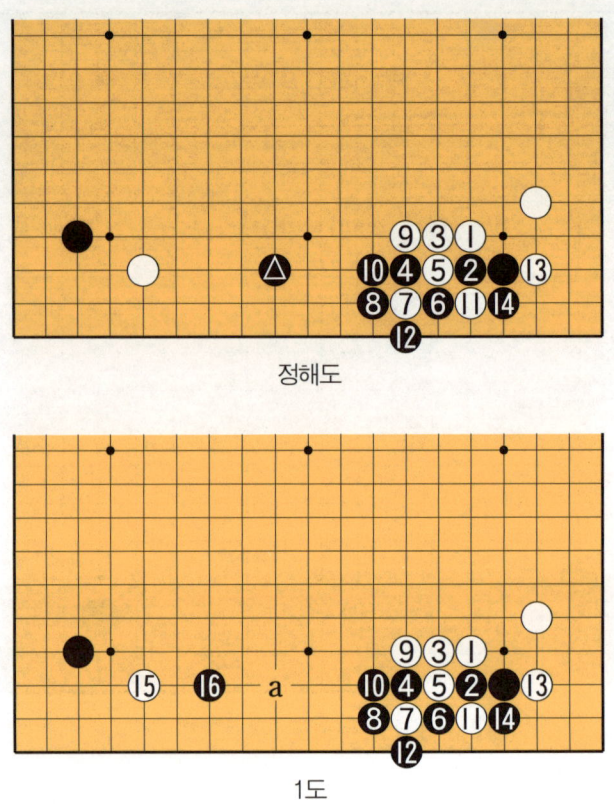

정해도

1도

정해

▶ 백1의 씌움이 정수이다. 흑14까지 일단락된 모양을 보면, ⬤와 10의 간격이 좁은 것과 위치가 낮은 점에서 흑의 세력이 중복되었음을 알 수 있을 것이다.

1도 수순을 바꾸어 우하에 백1 이하 같은 정석이 생겼다고 가정하다. 계속해서 백15에 걸치면 흑은 a의 곳이 아니라 16으로 한껏 협공할 것이다. **정해도**와의 차이이다.

216

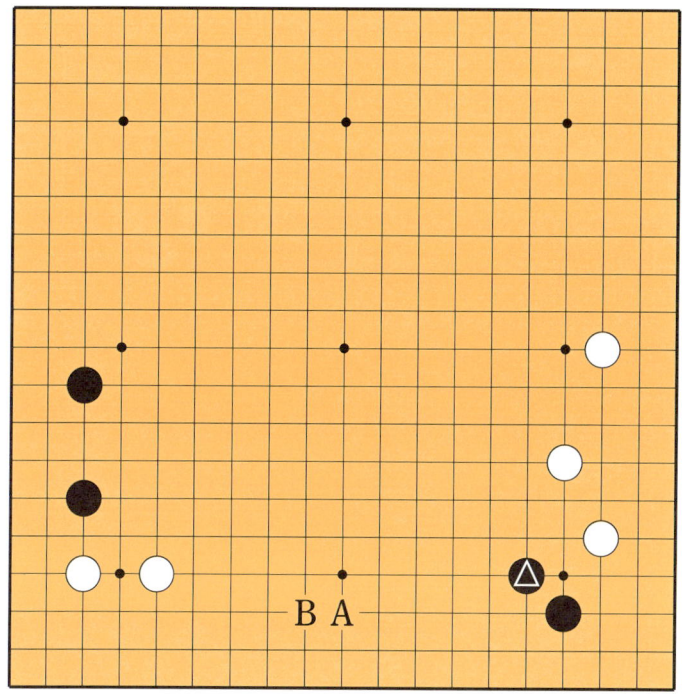

문제도

테스트 11   실전 ▶ 흑선

응용이 넓은 테마인데, 이와 같은 국면에서 ▲의 마늘모로부터 어디까지 벌리는 게 적절한가는 중요한 요령. 즉 좌하귀 백의 군힘 상태에 의해 결정되는데, 이 그림은 A와 B가 적절하다.

그 착점에 따라 이후의 진행을 가정해 보기 바란다.

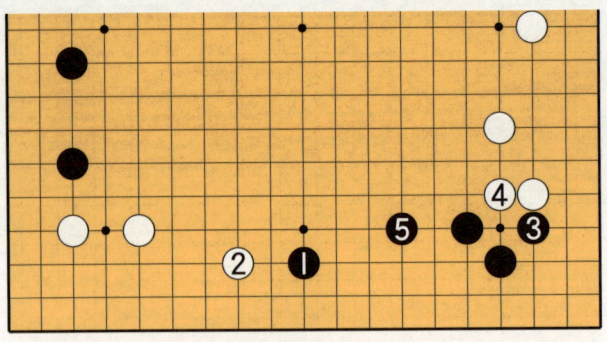

정해도 1

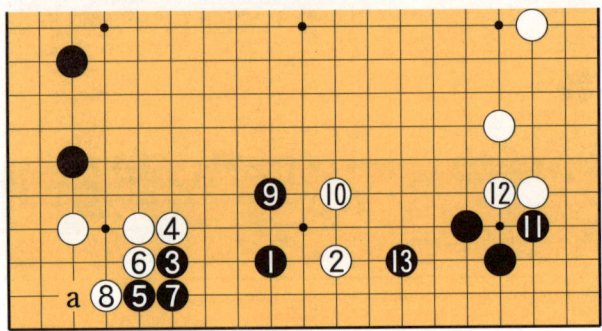

정해도 2

정해 1

▶ 먼저 흑1로 화점 아래에 벌리는 수를 생각한다. 백2는 당연한 다가섬인데, 이때 흑3, 백4를 교환하고 나서 흑5로 굳히는 리듬이 정통파이다.

정해 2

▶ 흑1까지 넓게 벌리는 구상도 성립. 백2로 뛰어들면 흑9까지의 상형을 준비하고 차후 a의 붙임을 노린다.

백10에는 흑11, 13으로 안정하는 리듬.

이처럼 돌의 리듬감이 중요하다.

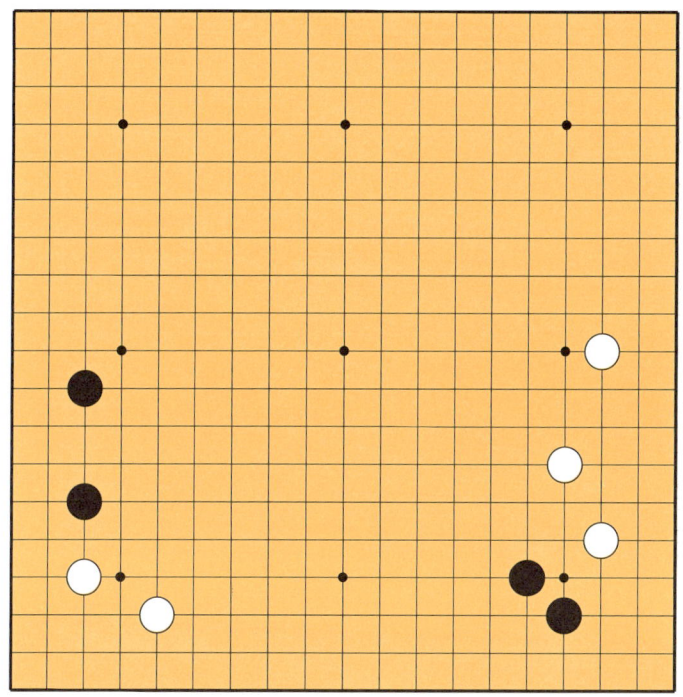

문제도

테스트 12 실전 ▶ 흑선

　앞 문제의 응용인데, 좌하귀의 백이 날일자 굳힘으로 된 경우이다. 한 칸 굳힘과는 달리 측면이 견실한 굳힘이므로 흑의 벌림 방법도 당연히 틀린다.

　어떤 사고 방식으로 하변의 벌림을 선택하는 게 적절할까?

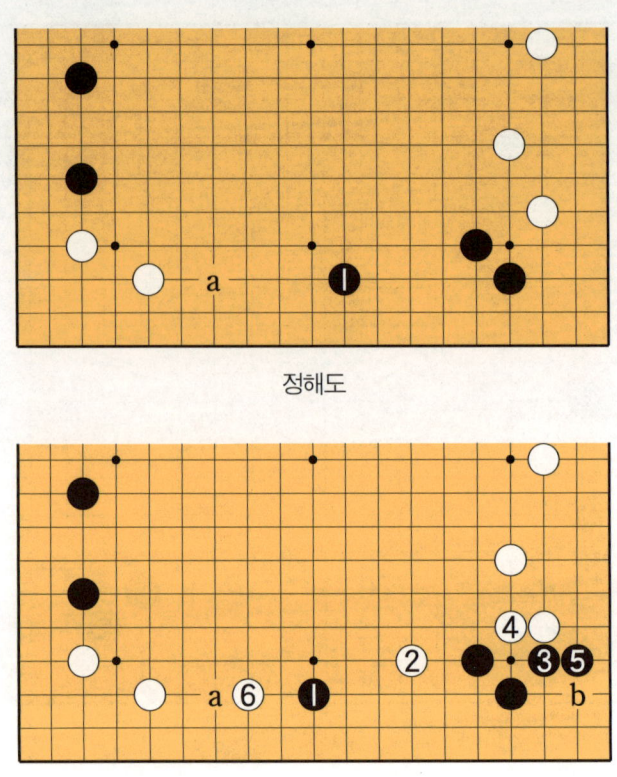

정해도

1도

정해

▶ 백의 군힘이 견고한 것을 고려하여 흑1로 참아 두는 게 적절하다. 먼저 자기를 군히고 난 다음에 흑a로 육박하는 수를 보는 게 균형잡힌 사고 방식이다.

1도 흑1로 넓게 벌리면 재빨리 백2에 뛰어들지도 모른다. 흑3, 5엔 백4, 6. 흑3으로써 a는 백b가 되어 바쁜 바둑이 되는 게 문제이다.

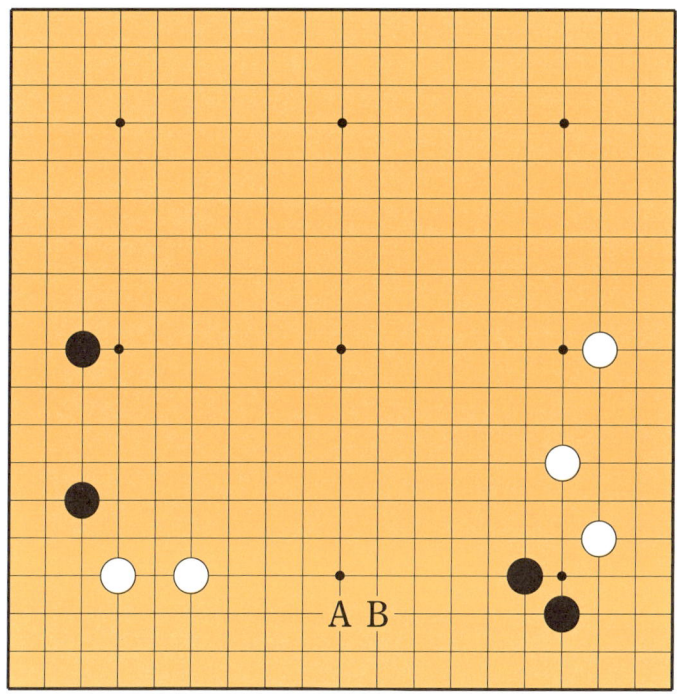

문제도

　흑부터 하변에 벌린다고 하면 A의 곳이 보통. 그런데 백부터 벌리는 것도 역시 A, B의 두 곳이 눈에 띄지만, 이런 한 칸의 다른 선택은 큰 차이를 갖고 있다.

　그럼, 당신은 어느 쪽을 선택하겠는가?

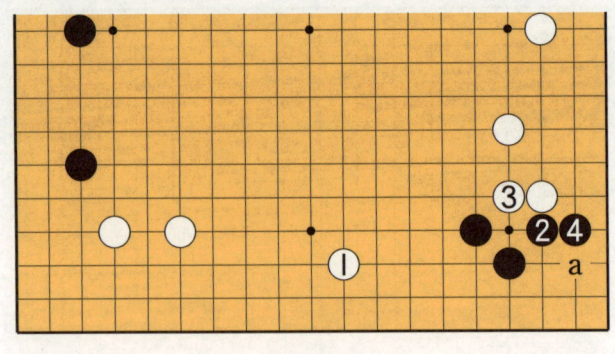

정해도

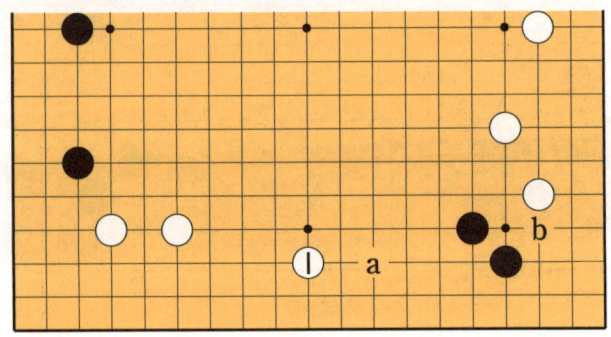

1도

정해

▶ 이 구도에선 백1까지 나아가는 게 정수이다. 흑은 2, 4로 귀를 지킬 수밖에 없는데, 이를 두지 않으면 백a에 달려 근거를 빼앗기고 만다.

즉 백은 선수로서 1의 좋은 곳을 차지했다.

1도 백1은 이에 대해 흑이 응수할지가 의문이다. 즉 흑은 a와 b의 안정이 맞보기가 되어 있으므로, 손뺌하여 다른 곳에 갈 여유가 생긴다.

222

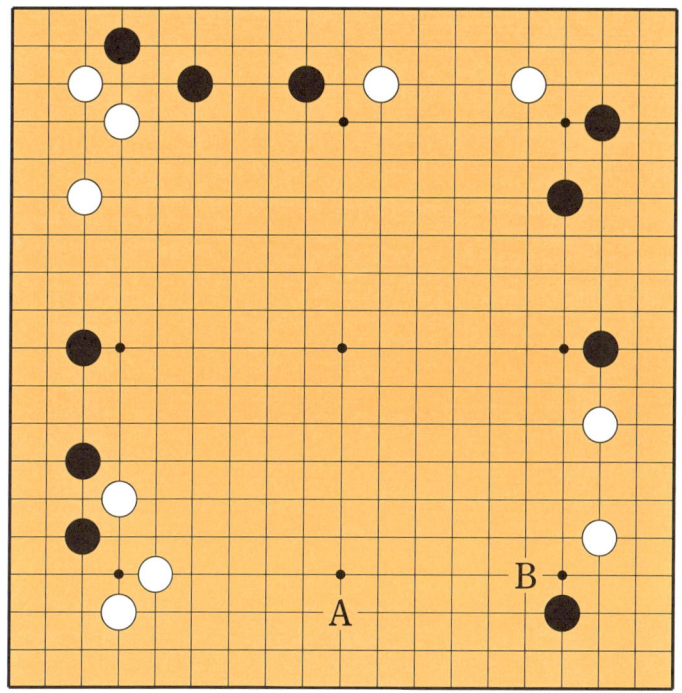

문제도

테스트 14   실전 ▶ 흑선

질서 있는 포석 구성인데 초점은 하변이다. 흑A로 벌리는 것은 백 B로 씌우면 낮은 위치가 되어 나쁘다는 것이 포석 이론인데, 그렇다 면 흑B의 마늘모가 올바른가 하는 게 테마이다.

포석 구성부터 판단해 주기 바란다.

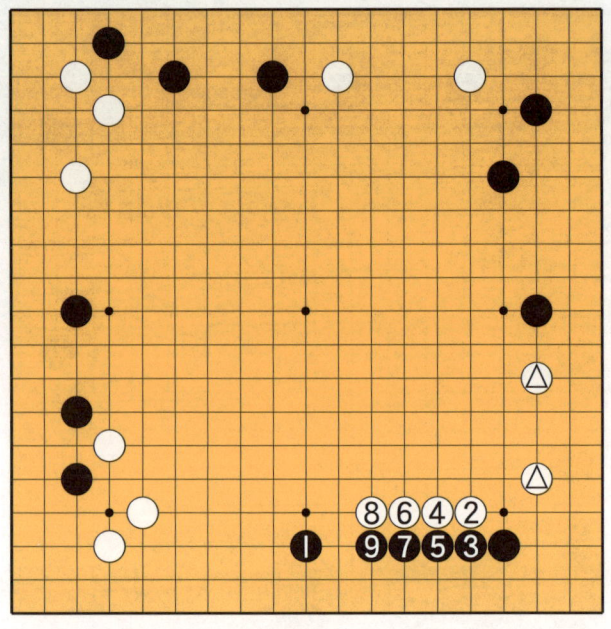

정해도

정해

▶ 이런 국면 구성에선 흑1의 다섯 칸으로 벌리는 게 적절. 그런데 포석 이론에 의하면 백으로선 이럴 경우 백2로 씌운 다음 흑9까지로 흑의 위치를 낮춰 중복시키는 게 좋다고 한다. 즉 흑이 불리하다는 통념인데, 바둑은 생명력이 있어서 주위의 조건에 따라선 원리 원칙으로만 되지 않는다.

이유는 백2 이하 이곳에 세력을 쌓아도 기존 △의 두 칸 벌림이 너무 좁다는 것. 따라서 세력 활용을 못하는 백의 모습은 하변에 밀집된 흑 이상으로 중복된 모양이므로, 백의 마이너스가 크다는 판단이 내려지는 것이다. 정석의 미묘한 선택법이라고 하겠다.

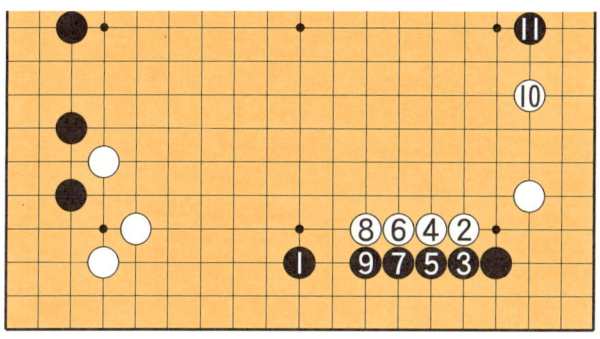

1도

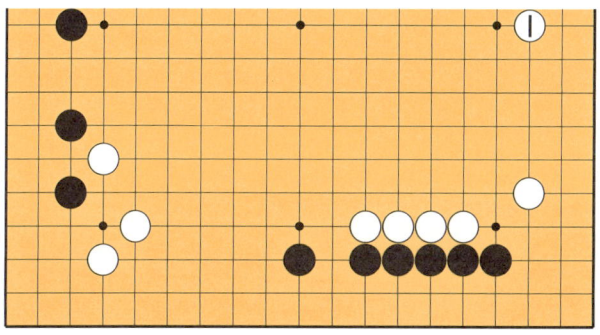

2도

1도 앞 그림이 백의 활동력이 없는 것임을 분석해 보겠다. 즉 흑 9까지 되었을 때 백10으로 좁게 벌려 흑11을 허용한 것과 같은 이치 가 되는 것이다.

2도 백은 이곳에 쌓은 세력을 활용하자면 1까지 벌려야 한다. 이 와 같은 이치를 바탕으로 상황에 따라 산 정석, 죽은 정석을 이해할 수 있다면 입단의 실력이다.

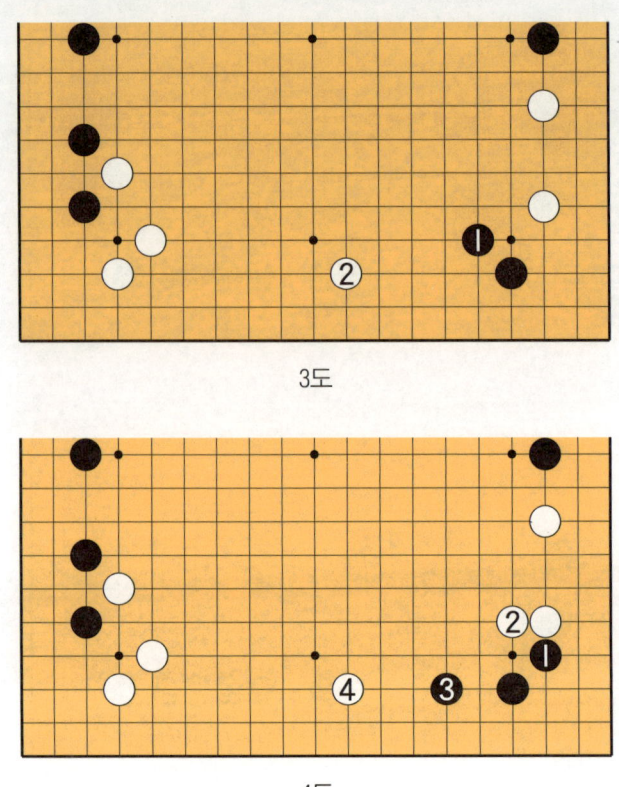

3도

4도

3도 이런 포석에서 흑1로 마늘모하는 것은 부분적으론 정수이다. 그러나 백2의 큰 곳을 빼앗기면 대세에 뒤지게 된다.
　흑1을 토대로 우변의 백을 공격하려 해도 백은 두 칸으로 벌린 모양이라 알맞은 공격이 없다. 따라서 흑1은 대국적으론 실패이다.

4도 흑1, 3도 부분적으로는 정수이지만 역시 백4로써 대세에 뒤진다.

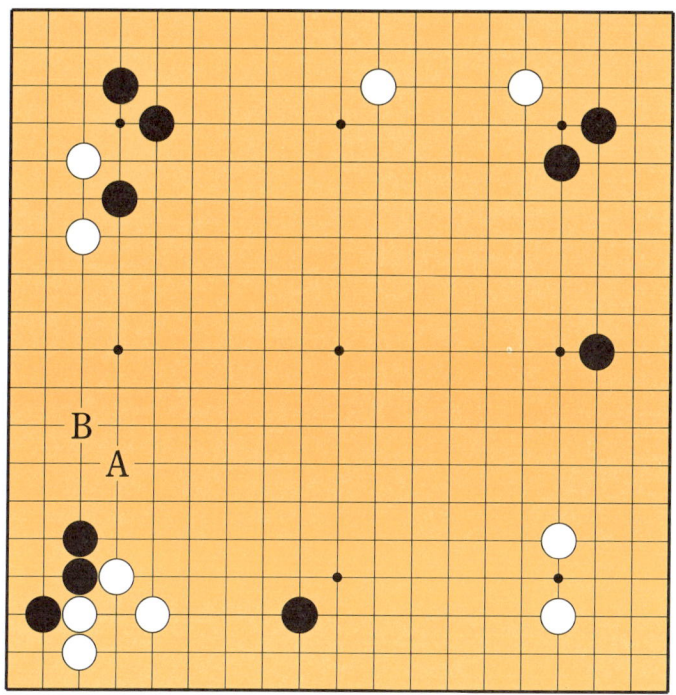

문제도

좌하귀에 '기본 테스트'에서 연구한 세 칸 협공 정석이 생겼는데, 다음의 한 수가 초점이다.

흑이 A, B의 어느 쪽을 선정하느냐에 따라 국면의 흐름이 크게 바뀐다.

국면 구성을 살펴 본 다음 올바른 포석 설계를 그려 보면?

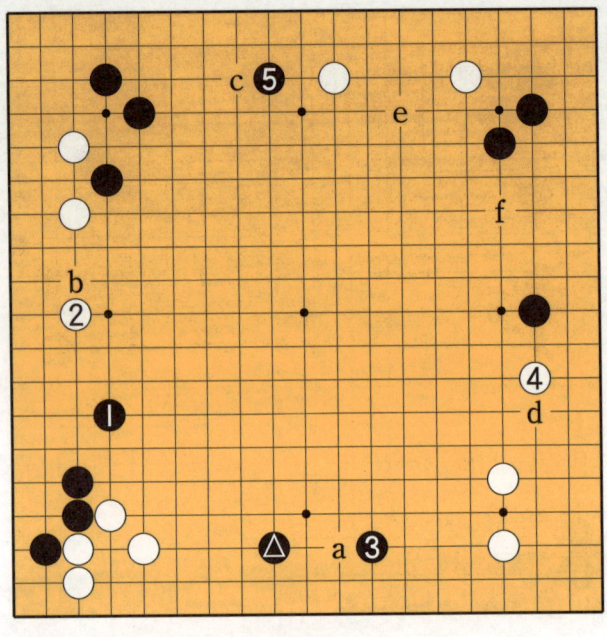

정해도

정해

▶ 이 포석에선 ▲에 조준을 맞추어 흑1이 적절. 백2에 다가서 주면 흑3의 벌림이 절호점으로 목적을 달성한다.

백2로써 a라면 흑b가 노림수. 백4로써 c에 벌리는 것도 흑에 대한 공격을 보아 나무랄 데 없는 호점. 백4는 흑d의 호형을 막으면서 우변의 뛰어듦을 바라보고 있다.

백이 우변을 중시하면 흑은 상변 5에 벌리는 것은 당연하며, 따라서 이곳은 맞보기나 다름 없는 것이다. 이 다음 백e, 흑f로 모양을 갖추어 포석 설계는 일단락, 이 부분의 리듬감을 몸에 익히기 바란다.

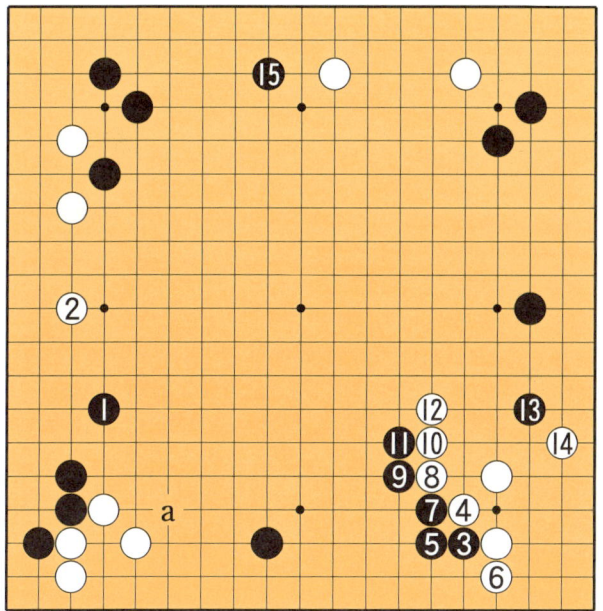

1도

1도 포석 구상의 즐거움은 쌍방이 정석의 지혜를 활용하는 데 있고, 구도의 아이디어를 반상에 마음껏 그리는 데 있다.

예를 들어 흑1, 백2일 때 흑3에 두는 발상은 어떨까? 백4 이하 14까지는 이 경우의 정석인데, 흑은 유유히 15로 다가갈 수가 있다.

흑은 좌우 양쪽을 둔 데다가 하변에도 흑a의 씌움이 모양의 강화로서 유력한 노림수가 됨을 주목해 주기 바란다. 이렇게 자유자재로 둘 수 있기를 바란다.

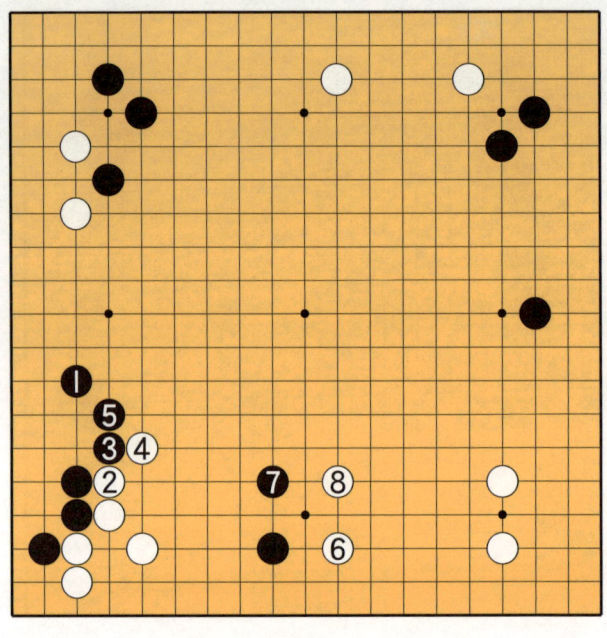

2도

2도 이런 포석에서 흑1의 두 칸으로 벌리는 정석을 택함은 적합하지 않은 작전. **정해도**에 비하면, 다음 번 좌상에 대한 적절한 공격의 모양이 없는 것이 큰 차이이다.

재빠른 백2, 4의 밀기가 적절한 선수이며 이곳에 압력을 가한 다음 백6으로 다가서는 구상이 유력. 흑7을 기다려 백8의 이상형. 백은 흑을 공격하면서 집모양을 형성하여 성공은 명백하다.

전국에 걸친 포석 작전이므로 수준 높은 문제이지만, 음미하면 잘 이해되리라 생각한다.

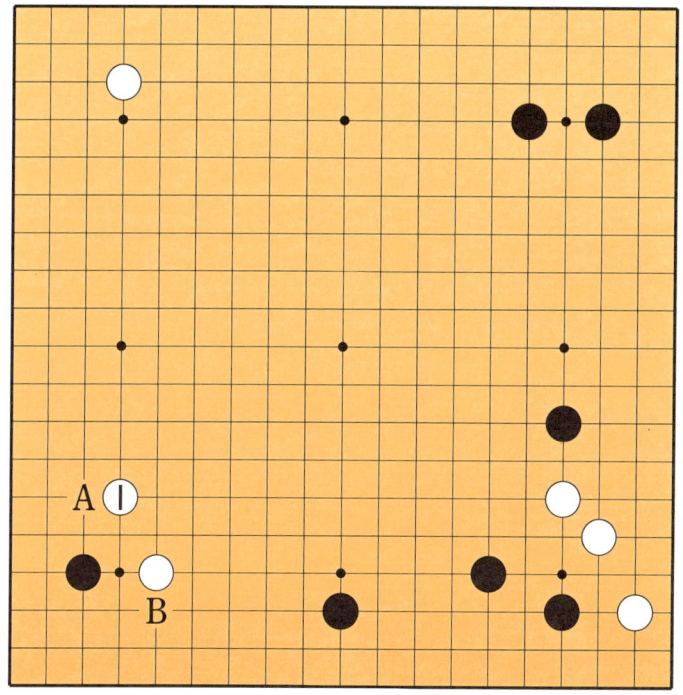

문제도

초점은 좌하귀의 공방에 있다. 백1의 씌움에 흑은 A와 B의 어느
쪽에 붙이는 것도 정석이긴 하지만, 이 경우 어느 쪽이 좋은지는 명
확하다.

둘 중 한 쪽의 붙임이 좋은 이유는 두 가지 있는데, 우하에 배치
된 흑의 태세를 고려하여 선정한다.

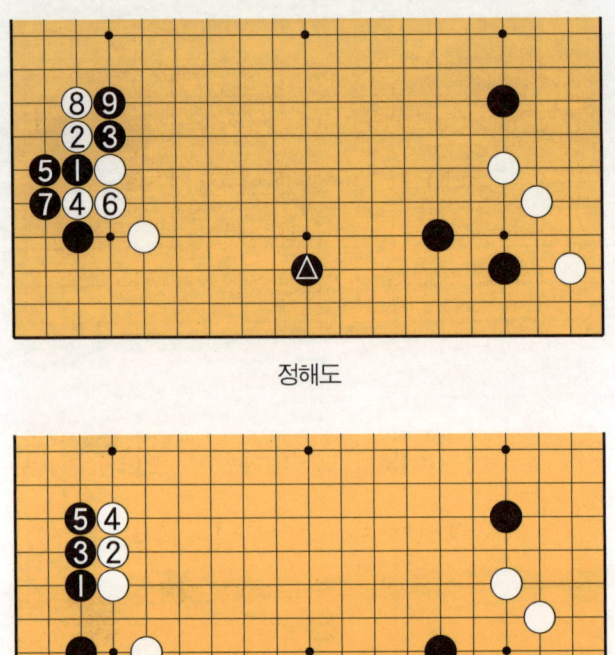

정해도

1도

정해

▶ 흑1로 이쪽에 붙이는 게 정답이다. 백2의 누름이라면, 축이 유리하므로 흑3의 끊음이 매서운 발상.

자연히 흑9까지의 싸움이 되면 우하귀의 정석형 ▲가 활동한다.

1도 백2는 축이 불리할 경우에 두지만 흑5까지를 예상했을 때, 여기서 생긴 백의 두터움을 ▲가 감소시키는 좋은 위치에 있다.

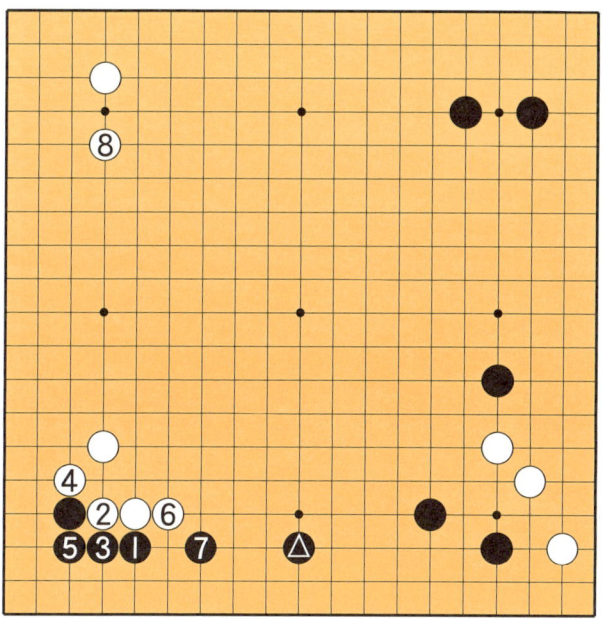

2도

2도 (백4가 적절) 흑1로 붙여 오는 것은 백4가 꿍꿍이 있는 수로서 흑의 실패이다. ▲가 중복된 모양이 된다.

참고도 백4로 끊는 정석은 안 된다. 여기에 쌓은 두터움도 흑17로써 효과가 반감되기 때문.

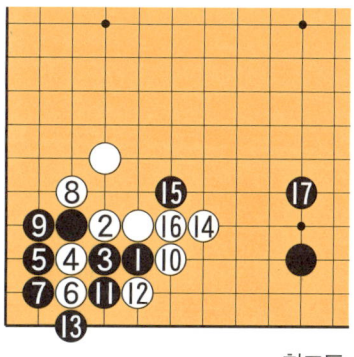

참고도

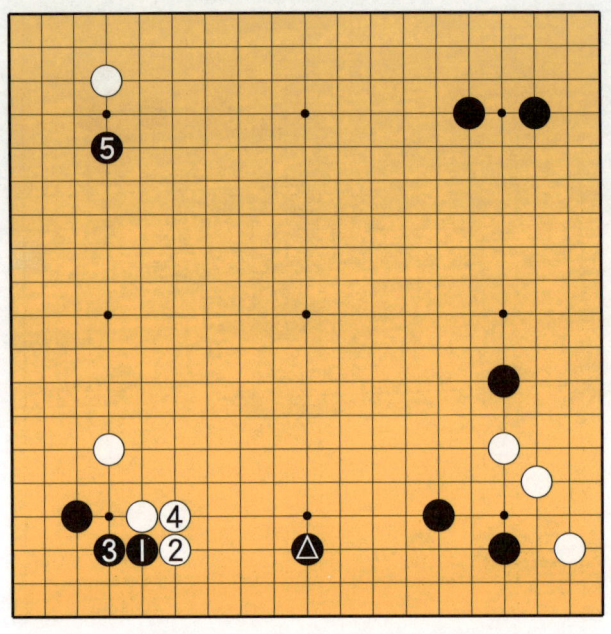

3도

3도 이 그림은 정석 선택에 즈음하여 가정도를 그릴 때에 곧잘 생기는 실패의 예. 흑1의 붙임에 대해 백2의 누름이라면 흑3에 두어 흑이 좋다는 판단은 너무 뻔뻔한 것이다.

이런 구도가 약속된다면 ⬤가 좋은 위치가 되어 성공이지만, 백은 당연히 2도처럼 변화하여 흑의 주문을 깰 것이다.

정석은 부분적으론 대등해도 전체의 포석 구성에 의해 유리해지든가 불리해지든가 한다. 즉 한판의 바둑으로서의 포석을 무시하고선 정석이 성립되지 않는다는 데 바둑의 깊은 맛이 있는 것이다.

234

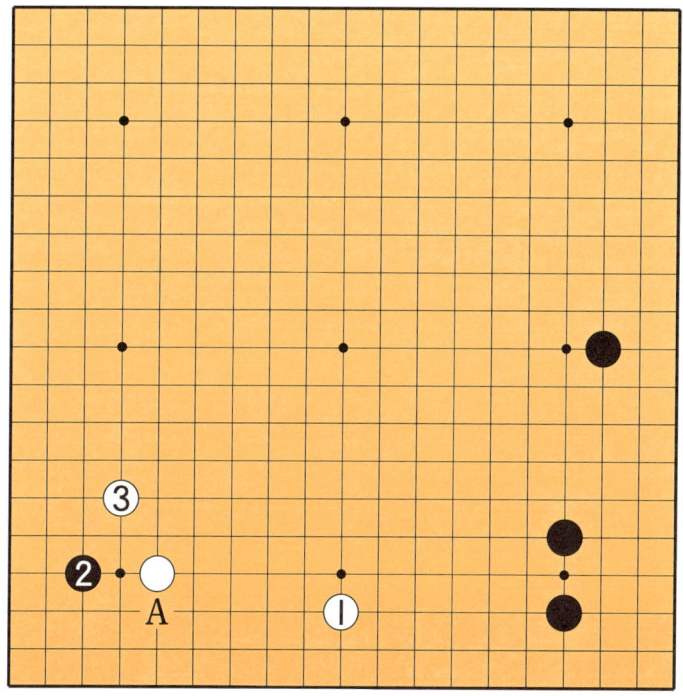

문제도

앞 문제의 응용으로서 이번엔 백1의 벌림이 먼저 온 경우. 흑2에 들어가고 백3의 모양을 보아 직감적으로 흑이 불리하다고 판단할 수 있다면 상당한 실력.

그런데도 정석대로 흑A는 함정에 빠진 셈이 되는데, 그 이유를 생각해 보면?

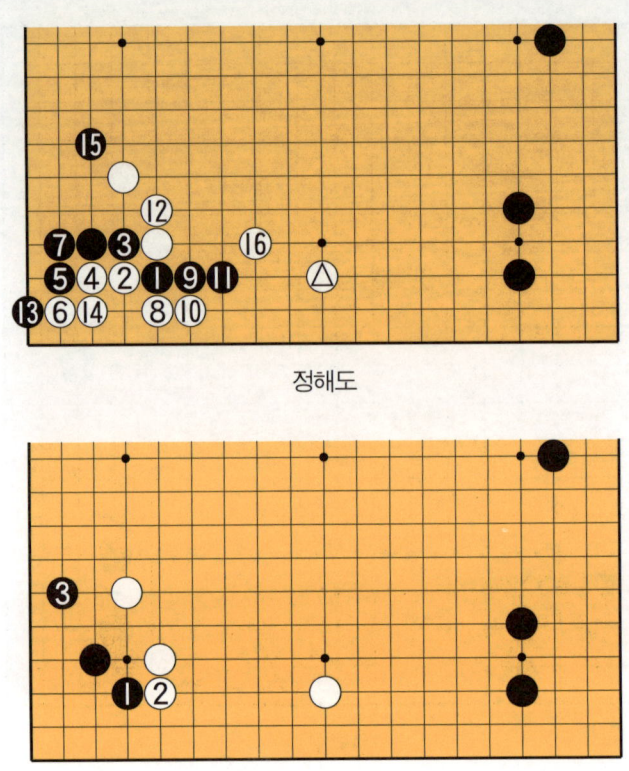

정해도

1도

▶ 흑1은 준비 없는 악수. 백은 2로 젖혀 나간 다음 이하 흑15까지의 정석형이 생겼을 때 백16에 씌우는 노림수가 성립한다.

이것으로 흑 석 점은 오갈 데가 없고 그 퇴로를 막는 △가 돋보인다. 흑은 백의 함정에 뛰어든 것이나 같다.

1도 흑은 불리하지만 1, 3으로 두는 정도이다. 백이 성공한 모습이긴 하지만…

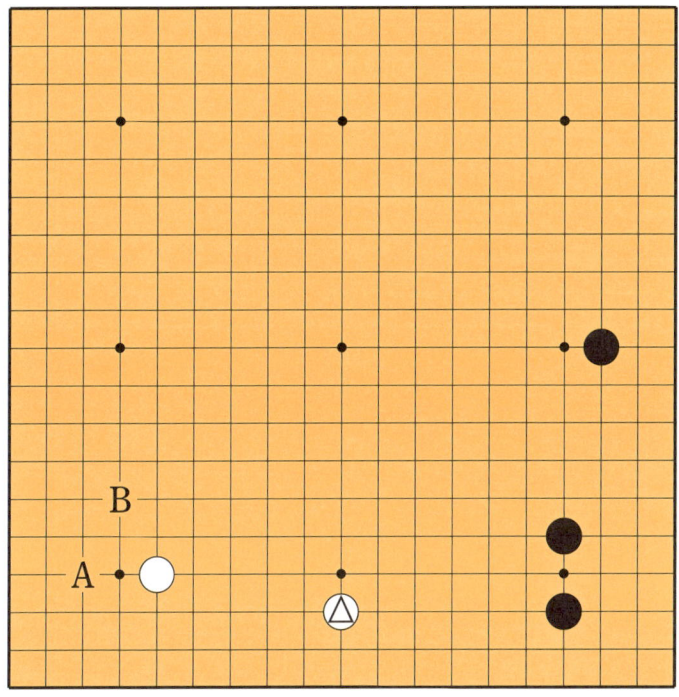

문제도

테스트 18   실전 ▶ 흑선

  앞 문제와 밀접한 관련이 있다. 평범하게 흑A의 소목으로 걸치는 것은 백B에 씌워서 △의 돌이 위력을 발휘.

  흑은 △의 의도를 간파하여 의표를 찌르는 게 정석 운용의 요령이지만, 어떻게 걸치는 게 적절할까?

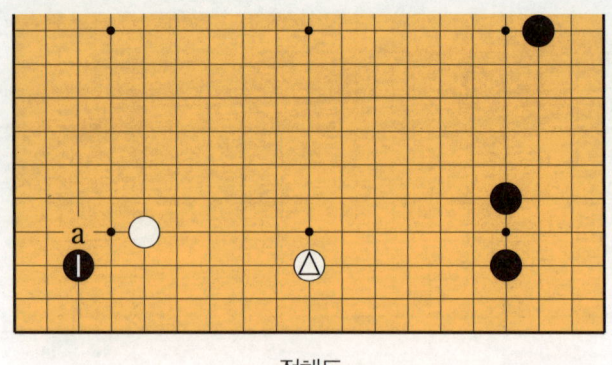

정해도

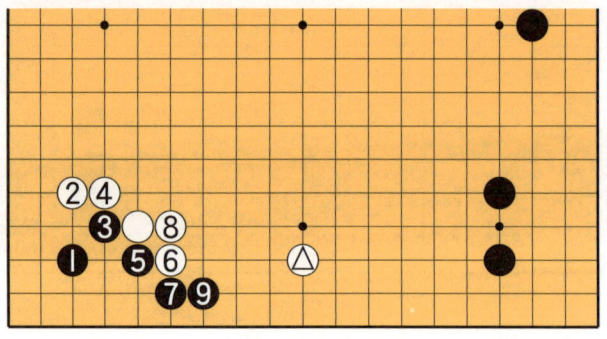

1도

정해

▶ 흑1의 3·三으로 들어가는 것이 정수로서 이런 백모양에 대한 상식으로 알아 두자. 즉 ⊘는 정도(正道)인 a의 굳힘을 생략한 권도 (權道)의 수이므로, 함정수의 속셈을 간파하고 알기 쉬운 흑1을 선택 하는 게 좋다.

1도 흑1에 백2의 봉쇄라면 속되지만 흑3, 5가 변화를 주지 않는 수단. 백6일 때 흑7의 2단젖힘이 맥이고 9까지, ⊘는 쓸모 없는 존재 가 된다.

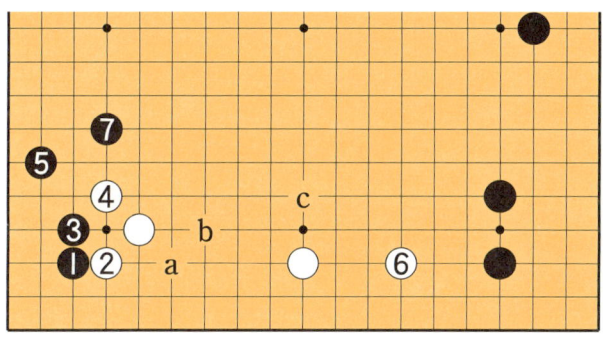

2도

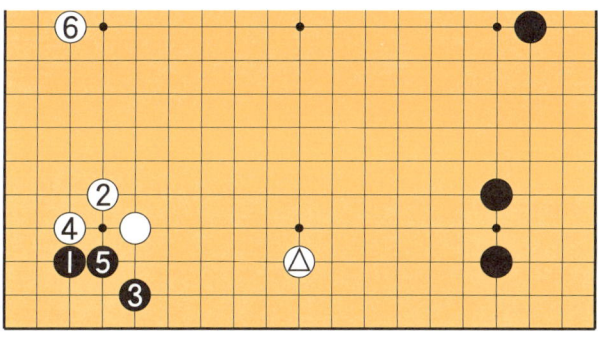

3도

2도 백이 2로 마늘모 붙임해 오면 흑5로 일단락짓는 것이 a의 급소를 남겨 멋지다.

백6으로 하변을 벌리면 흑7에 둔 다음 b의 뛰어듦을 노림수로 한다. 백6으로써 7이라면 흑c로 모자하여 알기 쉽다.

3도 단순히 백2의 마늘모라면 흑3에 달려 5까지의 정석을 그린다. 이 모양은 백으로선 △와의 사이가 적합하지 않다.

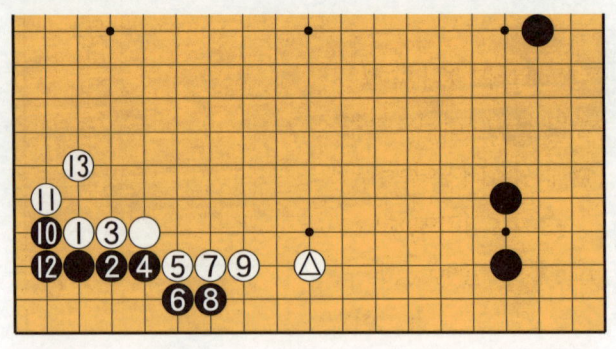

4도

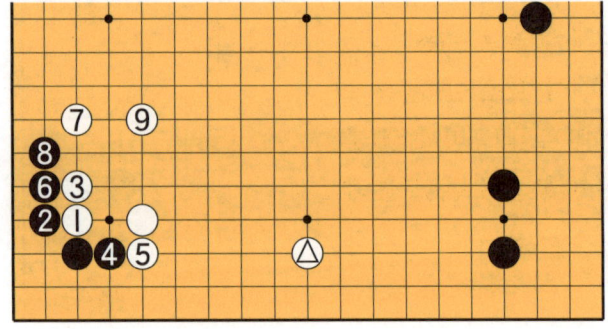

5도

4도 백1의 붙임에는 흑2로 평이하게 뻗어도 된다. 그러면 이하 백
13쯤이 예상되는데, △가 중복된 한 수가 되어 있는 게 쓰라리다.

5도 백1에 흑2로 젖히는 것은 의문이다. 예를 들어 백9까지의 상
형을 예상했을 때 이번엔 △의 존재가 돋보인다.
　이렇듯 정석과 포석의 관계는 미묘한 변화가 있어서 좋고 나쁨에
영향을 미친다.